Receitas para curar a alma

Título original: *Ordering from the Cosmic Kitchen*

Receitas para curar a alma
1ª edição: Abril 2024

Autora:
Patricia J. Crane

Tradução:
Marcia Men

Preparação de texto:
Gabrielle Carvalho

Revisão:
Debora Capella
Rebeca Michelotti

Projeto gráfico:
Jéssica Wendy

Capa:
Dimitry Uziel

DADOS INTERNACIONAIS DE CATALOGAÇÃO NA PUBLICAÇÃO (CIP)

Crane, Patrícia J.
Receitas para curar a alma : afirmações positivas e visualizações para prosperar e se empoderar da sua melhor versão / Patricia J. Crane ; tradução de Marcia Men. — Porto Alegre : Citadel, 2024.
176 p. : il.

ISBN 978-65-5047-438-6
Título original: Ordering from the cosmic kitchen

1. Autoajuda 2. Afirmações I. Título II. Men, Marcia

24-1278 CDD - 158.1

Angélica Ilacqua - Bibliotecária - CRB-8/7057

Produção editorial e distribuição:

CITADEL
Grupo Editorial

contato@citadel.com.br
www.citadel.com.br

PATRICIA J. CRANE, Ph.D.

A MAIOR ESPECIALISTA E LÍDER GLOBAL EM TREINAMENTOS
DO MÉTODO LOUISE HAY

Receitas para curar a alma

AFIRMAÇÕES POSITIVAS E VISUALIZAÇÕES PARA PROSPERAR E SE EMPODERAR DA SUA MELHOR VERSÃO

Tradução:
Marcia Men

CITADEL
Grupo Editorial
2024

Receitas para curar a alma

Este é um guia claro, prático e repleto de sabedoria para harmonizar sua vida com os desejos de seu coração. Coloque esses princípios em prática e você com certeza encontrará o que está procurando. Essas afirmações funcionam mesmo.

– Alan Cohen

Autor do livro best-seller *The Dragon Doesn't Live Here Anymore* (O dragão não mora mais aqui, em tradução livre)

Se você estiver pronto para se alimentar com afirmações positivas, este livro é para você.

– Mark Victor Hansen

Cocriador da série de livros *Canja de galinha para a alma*, best-seller do *The New York Times*

Uma receita consiste em três partes: ingredientes, método e resultado. Neste livrinho de receitas, você encontrará os três. Ingredientes simples, um método prático e um resultado fantástico. Mas a cereja do bolo é a forma encantadora como Patricia mistura tudo isso. Você amará esta delícia!

– Barbara Mark e Trudy Griswold

Autoras da série best-seller *Angelspeake*

Se você está ávido por uma vida mais plena, este livro é para você. Tudo o que é bom, belo e verdadeiro está pronto para ser colocado em sua mesa quando você decidir o que quer. A Dra. Crane mostra o que há no cardápio, como fazer o pedido de forma efetiva e por que o Grande Chefe Universal nunca deixa de preparar o sustento mais refinado para o seu paladar.

– John Randolph Price

Autor de best-sellers e presidente da Fundação Quartus

Dedicatória

Este livro é dedicado a todos aqueles
que estão procurando fazer mudanças positivas
em suas próprias vidas e ajudar o planeta.

Agradecimentos

Apesar de este livro ter sido escrito em apenas alguns meses, o período de incubação durou anos enquanto eu era guiada por todas as experiências necessárias para colocar essas ideias no papel.

Primeiramente, gostaria de agradecer ao Espírito por todas as expressões do Divino que fizeram parte do meu crescimento espiritual e trajetória profissional, algumas por meio da participação em seus seminários e workshops, outras, pela leitura de seus livros inspiradores. Isso inclui: Louise Hay, com quem treinei pessoalmente e que agora treina outras pessoas em seu trabalho pelo mundo todo, Marianne Williamson, Dr. Deepak Chopra, Alan Cohen, Dr. Richard Moss, Dr. Brugh Joy, Dra. Jean Houston, Abraham-Hicks, Reverenda Dra. Carol Lawson, Reverenda Peggy Bassett e Reverenda Terry Cole-Whittaker, entre muitos outros.

Sou imensamente grata à família, aos amigos e colegas que me incentivaram e apoiaram ao longo dos anos: Shelley Anderson, Mary Anne Ardito, Anita Brown, Steve Crane, Chip e Linda Crane, Odile Nicolette e Michael Coleman, Candi e Wayne Hart, Victoria Jordan e Blair Rice, Dra. Judith-Annette Milburn, Sue

Minkin, Karen e Lew Pulley, Earl e Janet Rogers, e Stef Swink. Agradeço a todos os membros da Fundação pela Educação Inside Edge pelo amor, pelo entusiasmo e pela inspiração.

Palavras não bastam para expressar a gratidão que sinto por todos os líderes de workshops que treinei e que levaram as ideias deste livro a milhares de pessoas em mais de trinta países. Suas cartas, suas ligações e seus e-mails me tocaram profundamente. Vocês estão contribuindo muitíssimo para a cura deste planeta. Agradeço a todos que contribuíram com histórias para este livro. E aos professores da Heal Your Life® ao redor do mundo, vocês são incríveis! Minha mais profunda gratidão a Norma Jarvis, que originalmente me patrocinou no trabalho da Heal Your Life® na Inglaterra, e a Sharon Shingler, que organiza os treinamentos maravilhosamente desde 2003. Também a Eileen Clair, que foi uma organizadora maravilhosa para mim e Rick na Irlanda. E aos assistentes mais incríveis que alguém poderia desejar durante os treinamentos nos Estados Unidos e no Reino Unido: Verity Dawson, Jamie Clark-McFarland, Sandra Filer, Michele Quesenberry, Carolee Laffoon, Lois Bennett e Juliet Vorster. Agradeço a todos vocês!

Para minha editora, Bobbie Probstein: você é uma mulher incrível! Agradeço por suas sugestões, seu entusiasmo e seu incentivo.

Finalmente, ao meu marido e colíder de workshops, Rick Nichols: obrigada por ser meu amigo, amante e parceiro espiritual. Você traz muita alegria, risos e beleza para a minha vida. Meu coração é muito grato pelo nosso relacionamento e por todo o apoio e incentivo que você me proporciona. Somos, de fato, como manteiga de amendoim e geleia: diferentes, mas deliciosos juntos.

Introdução

Este livro tem a intenção de inspirar você com uma nova visão para a sua vida. Ele inclui técnicas, especialmente afirmações e visualizações, que irão capacitá-lo a alcançar seus sonhos. Eu não aprendi essas ideias enquanto crescia, e provavelmente você também não. Durante a minha adolescência, eu intuía que havia uma maneira diferente de viver, mas levei muito tempo para descobrir qual era. Levei anos para aprender os princípios deste livro e as histórias que o ilustram. Minha esperança é que, ao apresentá-los aqui, a sua própria curva de aprendizado seja encurtada!

Bem-vindos à

Cozinha Cósmica

Cardápio

Todos os pedidos são servidos com uma generosa porção de alegria, risos, esperança e amor.

Entradas

1. Seu pedido, por favor! 15
2. Os fundamentos básicos para fazer o seu pedido 27
3. Excluindo os itens antigos do cardápio 43
4. Meditação e visualização 59

Pratos principais

5. Pedidos financeiros e materiais 71
6. Pedidos de carreira e sucesso 87
7. Pedidos de saúde 99

8. Pedidos de relacionamento 113
9. Pedidos de viagem, de diversão e Mapas do Tesouro 131
10. Pedidos de moradia 141

Sobremesa

11. Quando a cozinha lhe dá limões 151
12. Imagine as possibilidades 165

Quando você estiver pronto,
a Cozinha Cósmica anotará o seu pedido.

Estou aberto a novas formas
de pensar e sentir sobre a vida.
Agora reconheço minha própria
responsabilidade por criar
a vida dos meus sonhos.
Abro meus braços
para abraçar a vida
com alegria e entusiasmo.

Capítulo 1

Seu pedido, por favor!

Existem muitos restaurantes para escolher quando você decide comer fora. Existem os drive-thrus de fast-food, lugarzinhos na vizinhança que já estão lá há anos, redes de restaurantes e estabelecimentos elegantes no topo de prédios com vista para a cidade inteira. Pare um momento para pensar na última vez que esteve em um restaurante. De que tipo era? Que tipo de serviço você recebeu? O quão variado era o cardápio? Você pediu o que queria, independentemente do valor? Quando fez o seu pedido, você se preocupou se iria receber o pedido ou não?

Este livro demonstrará para você que o Universo é como uma infinita Cozinha Cósmica, e existe um Chef Cósmico esperando para atender aos SEUS pedidos. O segredo é saber o que você quer e como fazer o seu pedido. Então pegue uma xícara de chá de sua própria cozinha (ou outra bebida de sua preferência), sente-se numa cadeira confortável e prepare-se para fazer seus próprios pedidos na Cozinha Cósmica!

A maioria de nós crescemos achando que a vida era algo aleatório. Algumas coisas boas acontecem, e alguns desafios aparecem, mas você não tem como controlar esses eventos. Com certeza foi assim comigo. Éramos uma família comum de classe média de Nova Jersey. Meus pais eram contadores, com um pensamento mais lógico e analítico. Eu aprendi a acreditar que a gente podia ter coisas boas, mas não o que queria DE VERDADE, porque o que a gente queria mesmo era caro demais. Claro, também fui ensinada que estudar muito resultaria em boas notas (funcionou) e que ser boa com outras pessoas resultaria em ter amigos (funcionou). O que não me ensinaram foi como meus *pensamentos* estão continuamente criando minha experiência. Não me ensinaram que existe uma Lei da Atração operando o tempo todo. Eu aprendi essa lição da maneira mais incomum.

Quase chegando aos trinta anos, trabalhei em um escritório de assistência social no condado de Los Angeles. Era um trabalho muito estressante porque os funcionários tinham que equilibrar a tentativa de fazer o melhor para ajudar as pessoas e seguir as regras administrativas que governavam tudo. E não ajudava o fato de que o público, em geral, tinha uma atitude negativa em relação às pessoas que recebiam assistência social. Sendo uma perfeccionista (agora em processo de recuperação), eu me empenhava ao máximo para agradar a todos, entregando as papeladas no prazo e ouvindo com compaixão os clientes sob minha responsabilidade.

Após alguns anos, o trabalho estava cobrando seu preço, tanto física como emocionalmente. Eu parecia funcionar à base de cigarros e cafeína e nunca me sentia descansada, mesmo depois de dormir muito. Um médico me prescreveu Valium, mas o remédio mal fez cócegas em meus níveis de ansiedade. Um dia entrei no escritório e, por impulso, escrevi minha carta de demissão, com aviso prévio de duas semanas, e coloquei-a na mesa da minha supervisora. Apesar de ela ter se esforçado para me convencer a mudar de ideia, eu estava determinada a partir e recuperar minha sanidade.

Certo, então depois disso fui para casa, a casa que dividia com meu namorado, que também trabalhava no escritório de assistência social e também estava tomando Valium. Durante os meses seguintes, enquanto ele trabalhava, eu passava muito tempo assistindo às audiências do caso Watergate (a melhor novela já produzida), fazendo cerâmicas para um pequeno negócio que comecei e refletindo: o que diabos é a vida, afinal? Minha receita de Valium chegou ao fim, mas a ansiedade não. Daí comecei a tomar uma taça de vinho para ajudar com a ansiedade, e depois outra, e aí mais uma. Logo estava bebendo minha primeira taça de vinho às dez da manhã. Eu nunca ficava embriagada; bebia apenas o suficiente para medicar a ansiedade. Por dentro, eu estava pedindo socorro. O que eu não percebi na época é que meu pedido de socorro havia sido recebido pela Cozinha Cósmica, e a ajuda estava a caminho, entregue diretamente em minha porta.

A ajuda chegou de forma inesperada. Certa noite, um garoto negro adorável tocou a campainha da minha casa. Ele sorriu e me entregou um pequeno panfleto, dizendo "você está convidada para uma palestra" e então virou e se afastou saltitando. Eu olhei para o panfleto: a palestra seria na casa dele, logo ali, descendo a rua, sobre meditação. Já aconteceu de uma ficha cair, e você simplesmente SABER que algo está certo? Foi exatamente assim! Eu liguei para a mãe dele no mesmo instante e disse que estaria lá.

A pessoa dando a palestra naquela quarta-feira tinha vinte e tantos anos, cabelo curto e vestia um terno. Considerando-se que estávamos nos anos 1970, sua aparência não era como a da maioria dos homens daquela idade. Ele falou sobre os benefícios da meditação e como as pessoas ficavam menos estressadas e mais produtivas. Ele contou a própria história de como a meditação lhe permitira curar uma úlcera que nem mesmo os medicamentos tinham ajudado. Eu já estava convencida de que queria começar a meditar antes mesmo de ir à palestra, mas naquele momento mal podia esperar para começar! Eu me inscrevi para começar as aulas naquele sábado mesmo.

O ambiente no centro de meditação me era estranho. Havia incenso queimando e um altar com flores e frutas em uma mesa. Mas o local era muito silencioso e pacífico, e eu gostei disso. Fui logo instruída em uma técnica simples e saí me sentindo revigorada e, ainda mais importante, muito feliz. Algo profundo tinha acontecido. As cores do céu e as árvores e as flores pareciam muito mais vibrantes enquanto eu dirigia para casa. No fundo do meu ser, eu sabia que a vida havia mudado para sempre. Comecei a praticar a técnica fielmente duas vezes ao dia, por quinze minutos de cada vez. Durante as semanas seguintes, frequentei algumas aulas com meu instrutor e várias outras pessoas que haviam acabado de começar a meditar. Nós todos relatamos efeitos positivos em nossas vidas. Dentro de duas semanas, eu reduzi meu tabagismo pela metade e estava bebendo apenas uma taça de vinho por dia. Eu estava maravilhada de verdade. Após mais algumas semanas, eu não estava mais bebendo. Minha energia havia aumentado, minha ansiedade, diminuído, e a vida parecia fantástica!

Então verifiquei minha conta bancária e percebi que *ela* estava quase vazia. Embora a ideia de voltar para o departamento de assistência social não fosse empolgante, era a mais fácil, porque sempre havia vagas disponíveis. No dia seguinte, liguei para o departamento de contratação e soube que eles tinham uma vaga perto de casa, supervisionando o mesmo tipo de departamento que eu havia supervisionado antes. Dentro de uma semana, voltei a trabalhar com assistência social, mas agora parecia bastante diferente. Meu mundo todo se alterou por causa de uma simples técnica de meditação. E, coincidentemente (agora eu sei que não existem coincidências, porque tudo está planejado pelo Coordenador Cósmico), a esposa do meu instrutor trabalhava lá, assim como alguns outros que meditavam. Começamos a nos encontrar antes do trabalho para praticarmos a técnica juntos.

Apesar do fato de eu ter retornado para o departamento de assistência social, meu coração queria uma carreira diferente. Então me matriculei nas aulas de Psicologia na faculdade local, no período noturno (eu já tinha me formado com dupla graduação em Biologia e Química). Embora trabalhasse o dia inteiro e ainda tivesse aulas e estudasse todas as noites, eu me sentia ótima. Mas meu companheiro, não. Ele estava sempre reclamando sobre como estava cansado, estressado, blá, blá, blá. Eu estava tão empolgada pelo fato de a meditação ter me ajudado, e não entendia por que ele não tentava. Finalmente, encontrei um apartamento e fui morar sozinha.

Dentro de um ano, comecei em outro emprego, trabalhando como orientadora de reabilitação profissional para o estado. Eu ainda estava concluindo minhas disciplinas de Psicologia para poder me candidatar à pós-graduação na área. Minha vida estava plena, empolgante e feliz. Eu estava namorando (tá bom, morando com um homem que conheci por meio do meu trabalho. Ei, lembre-se que eram os anos 1970).

Comecei a reparar que eu pensava em alguma coisa, e ela acontecia. Algumas eram pequenas, como pensar em uma pessoa e ela ligar para mim ou nos encontrarmos no mercado. Muitas pessoas vivenciam coisas assim. Outras, porém, eram mais marcantes. O centro de reabilitação onde eu trabalhava também ministrava programas de treinamento para outros orientadores de todo o estado. Eu me vi querendo muito uma vaga de meio período no grupo de treinamento para poder cursar mais disciplinas na universidade e, assim, me candidatar à pós-graduação rapidamente. Entretanto, estava lá fazia pouco tempo *e* não havia vagas de meio período. Dali a alguns meses, um dos treinadores se demitiu. O administrador decidiu transformar a vaga em meio período, e ela acabou sendo minha!

Eu ainda achei que isso era uma bela coincidência, mas na realidade a Cozinha Cósmica estava respondendo ao pedido que eu havia feito.

Durante meu último semestre na graduação, vi o anúncio de uma aula chamada Treinamento em Assertividade e soube que precisava assisti-la. Era uma aula empolgante sobre habilidades em comunicação, conduzida por um professor e um assistente. Pareceu muito poderoso usar as técnicas da aula para mudar a minha vida de formas ainda mais positivas. Eu gostava particularmente da ideia de que a maneira como falamos com nós mesmos, nosso discurso interno, faz toda a diferença na maneira como lidamos com as coisas na vida. Se dissermos para nós mesmos que "eu não posso", então não poderemos. Se dissermos para nós mesmos que "é difícil demais fazer isso", então será. Se pensarmos sobre as situações de uma forma negativa, então a solução não poderá se apresentar. Conforme eu praticava um discurso interno melhor, ia me sentindo mais calma. Então, comecei a pensar como seria divertido ministrar aquela aula eu mesma. O Chef Cósmico colocou as mãos na massa. No final do período, o assistente me chamou e disse que precisava de mais um professor para sua aula de assertividade na faculdade comunitária. Eu estaria interessada? Você está de brincadeira? Mas eu não tinha credenciais para dar aulas em faculdades comunitárias. Normalmente, era necessário no mínimo um mestrado, e eu não tinha começado nem mesmo a pós-graduação. Sem problemas. Eu podia me inscrever para conseguir uma credencial especializada, por ter completado o curso de assertividade na faculdade.

Em setembro de 1976, eu estava recém-casada, em uma nova casa e em uma nova comunidade, dando aulas na faculdade comunitária e iniciando a pós-graduação em um programa de doutorado em Psicologia Social. Nossa! Eu comecei a meditar ainda mais para manter o equilíbrio. A pós-graduação foi empolgante e assustadora, porque eu sempre me considerei uma pessoa inteligente, mas não brilhante (pensamento limitante), então me saí razoavelmente bem no programa, mas nada impressionante. Minhas melhores matérias no primeiro ano foram Programação e Estatística — deviam ser os genes dos meus pais, os dois contadores.

Próximo do fim do primeiro ano, eu descobri que havia uma vaga de professor-assistente na aula de Estatística. Por algum motivo, fiquei MUITO interessada nela; contudo, apesar de ter tido aulas de assertividade, nunca fui capaz de conversar com o professor sobre a vaga. Durante a última semana de aula, o professor pediu para que eu e outros dois alunos ficássemos depois da aula para conversar com ele. Eu entrei em choque enquanto ele falava. Ele disse que todos nós havíamos nos candidatado para a vaga de professor-assistente, e ele havia decidido oferecer a vaga para mim. Agradeceu aos outros dois, e eles saíram. Minha cabeça girava, e eu nem lembro de nada do que disse para ele. Como isso foi acontecer? Eu nunca nem falei com ele sobre a vaga!

Fui para casa perplexa e contei ao meu marido o que tinha acontecido. Meus pensamentos já haviam se manifestado antes, mas isso era diferente. O professor pensava mesmo que eu havia conversado com ele sobre a vaga, ao passo que eu sabia que não. Percebi que precisava entender o que estava acontecendo. Sem que eu tivesse consciência disso, esse pedido também havia sido enviado para a Cozinha Cósmica.

O pedido foi atendido na forma de um livro chamado *Seth Speaks* (Seth fala, em tradução livre) escrito por Jane Roberts. A sabedoria contida no livro foi "canalizada" através de Jane Roberts, vinda de uma entidade não física chamada Seth. Eu nunca tinha ouvido falar de nada assim antes, e achei tudo muito bizarro, mas de algum jeito a mensagem do livro ressoou. Outra ficha começou a cair em meu interior. Esse livro me disse que cada um de nós cria sua própria realidade. O conceito era ao mesmo tempo familiar e estranho. Mas, quanto mais eu lia, mais eu sabia que era verdade. Comecei a me perguntar por que ninguém havia falado disso comigo quando eu era criança. Eles não sabiam?

Minha busca me levou a outras fontes e a outros livros. Aprendi sobre afirmações e visualização e percebi que vinha praticando essas técnicas havia anos sem saber. Eu parecia ser especialmente boa em manifestar empregos novos. Agora que entendia as técnicas, poderia começar a usá-las com consciência em todas as áreas da minha vida.

Por estar com este livro em suas mãos, você deve estar preparado para aprender a fazer o seu pedido na Cozinha Cósmica com mais consciência. Pense por alguns minutos em alguns dos eventos da sua vida até agora e em como você fez o seu pedido sem saber. Você pode ter julgado alguns desses pedidos como sendo "bons" ou "ruins". Não importa. Agora, você está se conscientizando de como criou a SUA realidade até o momento. Escreva alguns de seus pedidos anteriores na última página deste capítulo.

No próximo capítulo, falaremos dos fundamentos básicos para fazer um pedido.

MEUS PEDIDOS ATÉ O MOMENTO...

Neste instante, eu escolho
acreditar que mereço uma vida
maravilhosa. Percebo com afeto
qualquer pensamento limitador e o excluo
gentilmente do meu jardim interior.
Eu escolho padrões de pensamentos
positivos e acolhedores
para mim.

Capítulo 2

Os fundamentos básicos para fazer o seu pedido

Quando você vai a um restaurante, analisa o cardápio e diz para o garçom tudo o que NÃO quer? Você pede para que a garçonete lhe traga "qualquer coisa"? É claro que não! Você olha o cardápio, reduz as opções e então escolhe uma. (Ou, se você for de Libra, fica indeciso por tanto tempo que seu acompanhante escolhe por você.)

Princípio 1

Você precisa decidir o que quer

Você diz ao garçom ou garçonete o que quer, e ele ou ela vai até a cozinha e entrega seu pedido. Você fica sentado lá se preocupando se vai receber mesmo seu pedido ou quanto tempo ele vai demorar? Provavelmente não. (Algumas vezes o garçom retorna com o aviso de que a cozinha não tem aquela opção exata, e esse caso está em outro capítulo deste livro.) Você CONFIA que o chef e a equipe na cozinha estão atendendo ao seu pedido da melhor forma possível. Entretanto, decidir o que você quer da sua vida pode ser mais desafiador do que ir a um restaurante de verdade, porque o Cardápio da Vida é infinito, enquanto restaurantes são normalmente especializados em um tipo específico de comida e oferecem um cardápio limitado. No final deste capítulo, há uma página para você escrever seus pedidos para a Cozinha Cósmica. Seja tão expansivo e extravagante quanto quiser.

Também é importante ser ESPECÍFICO quanto ao que você quer. Minha amiga Norma, da Inglaterra, começou a fazer afirmações para conseguir entrevistas de emprego, e ela conseguiu *entrevistas*, mas não o emprego. Ela deveria ter focado afirmações de entrevistas bem-sucedidas que levariam à oferta de um emprego maravilhoso.

Princípio 2

Os pedidos na Cozinha Cósmica são positivos, pessoais e no presente

Declare suas afirmações como se elas já tivessem acontecido. Diga "Eu tenho... Eu recebo... Eu sou...", e assim por diante. Se você declarar suas afirmações no tempo futuro ("Eu terei..."), elas permanecerão no futuro, em vez de se manifestarem em seu tempo presente. Declare o que você QUER, e não o que você NÃO quer. Afirme "Eu tenho um trabalho novo maravilhoso", em vez de "Eu quero sair deste lugar". Ou "Meu corpo é vibrante e saudável", em vez de "Eu não estou mais doente".

A Lei da Atração traz aquilo em que você foca. Se você está passando por um desafio de saúde e continua pensando em como está doente e que nunca melhorará, você está prejudicando os próprios mecanismos de cura de seu corpo a cada pensamento negativo. Se você está mal financeiramente e pensa sem parar sobre como tem pouco dinheiro e envia uma mensagem de medo para a Cozinha Cósmica, não será capaz de receber o bem que o Universo quer lhe dar.

Se você está lendo isto e pensando: "Mas como posso pensar de forma positiva se a realidade é que eu ESTOU doente, ou ESTOU prestes a falir, ou meu trabalho É terrível?", você tem razão, não é fácil ter fé quando se está no meio de um desafio. O que você tem a perder? Comece pensando: "O que eu quero?". No final deste capítulo, há uma página para você começar a escrever suas afirmações. Você também pode ir para capítulos específicos, como saúde e prosperidade, e ter algumas ideias de como compor suas afirmações. Escreva-as, leia-as, sinta-as, e escolha ACREDITAR que elas funcionarão.

Princípio 3

Inclua palavras que transmitam sentimentos positivos e energéticos

"É maravilhoso sentir que...", "Estou tão feliz e animado para...", "É fantástico poder...". Quanto mais energia positiva você puder gerar com suas afirmações, mais rapidamente elas tendem a se manifestar. Cante suas afirmações com empolgação, dance com alegria ao som delas. Fique em frente ao espelho com os braços esticados e diga suas afirmações com entusiasmo!

Talvez você tenha ouvido: "Ao mudar seus pensamentos, vai mudar sua vida". Eu acrescentaria dizendo: "Ao mudar seus pensamentos e sentimentos, vai mudar sua vida". Se você está pensando "Eu mereço tudo de bom", mas a mensagem que está transmitindo com seus sentimentos é "De jeito nenhum", o Universo responderá aos seus sentimentos. Juntamente com suas afirmações positivas, pratique SENTIR como se elas já fossem verdadeiras.

Princípio 4

Confie no tempo de entrega.
Desapegue de seu cronograma

Os pedidos cósmicos podem exigir diferentes níveis de preparação. Alguns precisam de muitos ingredientes, que devem se juntar para completar o prato, enquanto outros precisam apenas de alguns. Permita que o Universo una as coisas no momento certo para você. Quando você está em um restaurante, corre para a cozinha a cada poucos minutos para dar uma olhada? (Eu sei que alguns de vocês, mais controladores, gostariam de fazer isso!) A maioria dos indivíduos se contenta em aproveitar o tempo conversando com a pessoa com quem está jantando, a atmosfera do restaurante e uma taça de vinho enquanto espera.

Você já teve um pensamento passageiro e o viu se manifestar? Se sim, isso foi um exemplo de fazer um pedido à Cozinha Cósmica e depois desapegar. Um dia, em meados dos anos 1980, pensei: "Eu gostaria de trabalhar mais com mulheres". Dentro de um mês, recebi convites para palestrar em duas conferências voltadas a mulheres e em um grupo local de mulheres.

Confiar no momento certo para o seu pedido chegar inclui deixar de sentir a necessidade de obter aquele pedido. Embora isso possa parecer paradoxal, se houver um sentimento subjacente de medo ao fazer suas afirmações, o Universo responderá ao medo. Digamos que suas finanças estejam desajustadas e você esteja fazendo afirmações relativas a dinheiro. Se o medo de NÃO receber o que precisa for mais forte do que a confiança de que você VAI receber, o Universo responderá ao sentimento de medo, e seu bem será mantido afastado. Pratique sentir confiança, mesmo que sua mente lógica lhe diga algo diferente. Se o foco for um relacionamento, pratique estar feliz e realizado agora. Esse tipo de energia é muito atraente.

Quanto mais forte for o sentimento de confiança, mais depressa o Chef pode completar o seu pedido. O livro *Um curso em milagres* nos diz que "paciência infinita produz efeitos imediatos". Quando você confia no timing, pode seguir sua vida diária com alegria, sabendo que tudo está bem.

Princípio 5

Deixe o Chef Cósmico decidir como você receberá o seu pedido

Quando você faz uma afirmação e depois começa a imaginar como ela acontecerá, isso se chama "esboçar". Algo que você deve evitar. O Chef sempre tem a melhor combinação de ingredientes para preparar o seu pedido. Um exemplo: eu havia concluído meu mestrado quando comecei a fazer afirmações voltadas a um emprego como professora. Se eu tivesse "esboçado", provavelmente teria ligado para as instituições locais para ver quais vagas de emprego estavam disponíveis. Mas aconteceu que o Chef Cósmico providenciou que eu lecionasse no nível universitário, um resultado melhor do que o esperado, já que eu não tinha ideia de que poderia fazer isso sem um doutorado. Depois de criar a afirmação que expressa o resultado desejado, concentre-se levemente no resultado, não no processo para chegar lá. Shakti Gawain, autora do livro *Visualização criativa*, recomenda que você acrescente a frase "isso ou algo melhor" no final de suas afirmações.

Princípio 6

Permita que sua sabedoria interior guie você no equilíbrio certo entre ação e permissão

Como você verá nas histórias pessoais neste livro, muitas vezes eu apenas disse minha afirmação focando um novo emprego ou outra coisa, e isso só "caiu em meu colo". Claro, tive que fazer a preparação para estar pronta para realizar o trabalho, mas não fiz nada para que isso acontecesse. Isso quer dizer que você pode apenas sentar e assistir TV comendo bombons enquanto espera que o Chef Cósmico atenda ao seu pedido? Bem, às vezes...

Uma das minhas amigas de longa data, Sue, é uma loira atraente com muita energia. Até agora, ela teve três carreiras importantes. Uma delas foi como advogada. (Certo, agora vamos dedicar alguns pensamentos positivos para os advogados do mundo. Eles também precisam de amor.) A certa altura, ela queria mudar de escritório de advocacia e conversou comigo por meses sobre como precisava organizar seu currículo. Eu pude perceber pela falta de entusiasmo que ela não estava nem um pouco ansiosa por essa tarefa, então falei: "Bem, talvez você não precise fazer isso. Apenas diga ao Universo o que você quer". Não muito depois disso, ela recebeu uma ligação que lhe ofereceu uma vaga nova, sem ter que fazer um currículo. No entanto, na próxima mudança, foi importante para ela realizar essa tarefa.

Quando você meditar, peça orientação para qualquer ação que vá realizar, em prol de ajudar a Cozinha Cósmica. Ouça essa Sabedoria Interior. Se algo parecer forçado, recue. Afirme que você é perfeitamente instruído em TODAS as suas atividades.

Princípio 7

Acredite que você merece ter uma vida maravilhosa

Muitas pessoas sentem que não têm direito à saúde, riqueza, felicidade e a um relacionamento maravilhoso. A verdade é que todos merecemos o melhor, mas outras pessoas que não se sentiam dignas nos ensinaram algo diferente.

O que você aprendeu quando criança sobre ter uma vida maravilhosa? Você está disposto a acreditar que merece, SIM, uma vida fantástica?

Princípio 8

Expresse gratidão ao Universo e ao Chef Cósmico por atender ao seu pedido da forma mais milagrosa

A gratidão é um sentimento maravilhoso ao nível do coração. Ela não apenas envia energia positiva em torno de suas afirmações, mas também o ajuda a sentir a confiança de que tudo já está sendo cuidado. Todos os dias, reserve um tempo para fazer uma lista de gratidão, seja mentalmente ou no papel. Cultivar a "atitude de gratidão" criará maravilhosos milagres em sua vida.

Perguntas comuns sobre fazer pedidos

Por que as afirmações funcionam?

Afirmações funcionam porque seus pensamentos não estão contidos na estrutura física que chamamos de cérebro. Todos (sim, todos) estamos conectados na Mente Divina, Potencial Ilimitado, Deus, como quer que você queira chamar. Seus pensamentos, positivos ou negativos, são uma energia que se conecta à consciência universal, à Cozinha Cósmica e ao Chef, e a Lei da Atração traz seus pedidos para você. As afirmações são energizadas ainda mais com sentimentos positivos, então pratique SENTIR suas afirmações como se já fossem uma realidade!

Quantos pedidos posso fazer à cozinha de uma vez?

Ao contrário de uma cozinha comum, a Cozinha Cósmica pode lidar com um número infinito de pedidos de uma vez. Não importa quantas outras pessoas estejam fazendo pedidos ou quantos você tenha; ela pode responder a todos. A verdadeira pergunta é: quantos VOCÊ se sente confortável em fazer? Você pode escrever quantas afirmações quiser e depois permitir que o Universo aja sobre elas.

Com que frequência devo dizer minhas afirmações ou pensar sobre elas?

Quando se trata de afirmações, uma vez é suficiente, se sua crença for forte o bastante. No entanto, a maioria das pessoas descobre que, ao dizer suas afirmações diariamente, reforçam as novas crenças para si mesmas. Descubra o que é confortável para você.

Como posso verificar meu pedido para confirmar se ele está mesmo sendo preparado?

Por favor, volte e releia o princípio 4. A palavra de ordem aqui é CONFIANÇA. Você já foi à cozinha de um restaurante para verificar seu pedido? (Tá, alguns de vocês, mais controladores, podem ter feito isso, mas a maioria de nós é mais paciente que isso.) Pressionar o chef em um restaurante ou reclamar com a garçonete pode acelerar o serviço, mas isso não funciona com a Cozinha Cósmica! Há um timing perfeito para preparar e entregar o seu pedido.

Eis aqui outra analogia: quando você planta sementes em seu jardim, sabe que precisa regá-las, fertilizá-las e tirar as ervas daninhas ao redor delas. Você não vai pegar as sementes a cada poucos dias para ver se estão crescendo. Da mesma forma, é preciso pensar e SENTIR levemente que suas afirmações são uma realidade e seguir seu cotidiano com alegria e confiança, porque você sabe que está sempre amparado pelo Espírito.

Posso fazer afirmações para outras pessoas?

Às vezes. Se você e a outra pessoa concordarem com uma afirmação para ela, tudo bem. Por exemplo, seu parceiro está procurando um novo emprego, e ambos estão afirmando "Fulano conseguiu o emprego novo perfeito", isso é aceitável. Ou você pode estar fazendo afirmações com um amigo voltadas para a saúde e a vitalidade dele. No entanto, você não pode tentar controlar outras pessoas com afirmações. Se você tem um chefe desagradável, em vez de pensar que ele encontrou outro emprego, afirme "Eu sempre tenho um bom relacionamento com meu chefe". Lembre-se de focar o resultado que deseja para si mesmo.

Por que os pedidos nem sempre são atendidos?

A Lei da Atração sempre atende aos seus pedidos, mesmo que pareça que não. Se você não se sentir digno daquilo que deseja ou tiver sentimentos inconsistentes sobre o que quer, a Lei da Atração lhe dará o pedido com os sentimentos mais fortes. Digamos que você esteja fazendo afirmações sobre um novo emprego que pague muito mais do que você está ganhando agora. Mas o pedido não está completamente claro, porque você também está pensando que terá que trabalhar muito mais no novo emprego, e não quer fazer isso. Até que você seja claro, o novo emprego não pode ser entregue. Em vez disso, você poderia afirmar: "Eu tenho um emprego novo fabuloso, no qual ganho um salário de R$__________, trabalhando menos do que agora e me divertindo mais".

Se você estiver doente e a cura implicar ter que retomar algumas responsabilidades indesejadas, continuará a atrair a doença. Se estiver fazendo afirmações sobre um relacionamento, mas na verdade tiver medo de ter um, ele não se manifestará.

Quando eu administrava programas de bem-estar no local de trabalho, pensei em afirmar para liderar programas de redução de estresse como consultora e ganhar muito dinheiro. Isso nunca aconteceu, por dois motivos: em primeiro lugar, a motivação de apenas "ganhar muito dinheiro" não se alinha com os meus valores; e, em segundo, o que eu queria mesmo era compartilhar ideias espirituais, e meu pensamento (limitante) era que eu não poderia fazer isso no mundo corporativo. Agora, tenho clareza de que posso oferecer princípios espirituais em qualquer lugar, prosperar e ser útil às pessoas onde quer que eu apresente meus programas.

Por que acontecem algumas coisas que eu não quero que aconteçam?

Se você enviar uma mensagem forte de "EU NÃO QUERO...", é o mesmo que enviar uma mensagem forte de "EU QUERO...". Experimente o seguinte: não pense em um elefante cor-de-rosa. A imagem que imediatamente surge em sua mente é a de um elefante cor-de-rosa, certo? Sua mente inconsciente não processa o "não". Quando você diz "EU NÃO", a imagem daquilo que você não quer vai para a Cozinha Cósmica. Mas pode ficar calmo, você não precisa começar a se preocupar com cada pensamento aleatório. É a energia e a repetição que são importantes. Apenas preste atenção aos seus pensamentos e sentimentos: mude os "Eu não quero..." e comece a pensar no que você QUER.

Na próxima página, você encontrará alguns exemplos de afirmações; e, na última página deste capítulo, há um espaço para começar a escrever seus pedidos para a Cozinha Cósmica. DIVIRTA-SE!

O próximo capítulo traz vários exercícios para ajudar você a eliminar crenças e sentimentos conflitantes.

EXEMPLOS DE AFIRMAÇÕES:

Eu mereço uma vida maravilhosa.
Agora, crio conscientemente a
vida dos meus sonhos!

Recebo uma abundância de amor
dos meus amigos e familiares.

Eu me amo e me aprovo. Estou sempre
fazendo o melhor que posso.

Sou saudável, próspero e sábio.

Estou tendo um caso de amor com a vida!

Meu corpo é forte e saudável, e cada célula está cheia de saúde e energia.

Adoro usar meus talentos e habilidades no cargo ideal em minha carreira! Agora, conheço e sigo o Plano Divino para minha vida.

Confio na minha Sabedoria Interior, sabendo que todas as respostas estão dentro de mim.

Você leu essas afirmações e sentiu que não podia dizer algumas delas para si mesmo? Então, está na hora de fazer uma faxina interna.

MEUS PEDIDOS PARA A COZINHA CÓSMICA...

Capítulo 3

Excluindo os itens antigos do cardápio

Todos nós crescemos com inúmeras ideias e crenças sobre como a vida funciona, qual é o nosso valor próprio, quais habilidades temos, como funcionam os relacionamentos, se merecemos dinheiro, e assim por diante. Enquanto você cria suas afirmações para o que deseja na vida, também é importante tomar consciência do que tem pedido até agora e retirar do cardápio os itens que não quer mais. Psicólogos nos dizem que a maioria de nossas ideias sobre a vida é estabelecida até os cinco anos de idade.

Vamos dedicar um tempo para sermos claros sobre o antigo cardápio que você tem usado. Alguns itens podem ser positivos e outros, negativos. É bom identificar ambos. Então, pegue papel e caneta, coloque uma música relaxante e reserve cerca de vinte minutos para listar as crenças que adotou na infância a respeito de si, relacionamentos, dinheiro, carreiras, saúde e qualquer outra área de que se lembre. Faça duas colunas: uma para as crenças positivas e outra para aquelas negativas, que não lhe servem. Não foi tempo suficiente? Por enquanto, limite o tempo a vinte minutos, pois muito mais que isso pode ser intenso demais.

Agora, analise sua lista. Existem mais aspectos positivos ou negativos? Mesmo que haja muitos aspectos negativos, está tudo bem. Você precisa estar ciente antes de poder fazer mudanças.

Vários anos atrás, eu liderava um workshop beneficente de dois dias em Londres em prol de pessoas com HIV. Um dos exercícios envolvia os participantes acessarem sua Sabedoria Interior e depois usarem essa sabedoria para ajudar outra pessoa. Enquanto eu guiava os participantes por uma meditação para se conectarem com sua Sabedoria Interior, duas pessoas se levantaram e saíram da sala. Depois de concluir a meditação e começar a interação com os outros participantes, fui rapidamente para o corredor falar com os dois que tinham saído. Ambos estavam se sentindo muito irritados. Conforme conversávamos, ficou claro que cada um deles (sem relação entre si) tinha sido chamado de "burro" quando criança. Eles cresceram acreditando nisso, então como poderiam acessar a Sabedoria Interior? As lágrimas começaram a cair enquanto eu explicava que isso era apenas um item antigo do cardápio que precisava ser retirado. Assim como todos os outros, eles realmente tinham acesso à Sabedoria Interior. Abraçamo-nos e voltamos à sala, onde eles se ajudaram a fazer avanços.

O processo de "limpeza" é contínuo. Isso ocorre porque, com o tempo, vamos a níveis mais profundos da mente inconsciente. Considere a imagem de um iceberg. Apenas uma pequena parte do iceberg é visível acima da superfície. Ao longo de nossas vidas, continuamente trazemos mais do iceberg (as crenças inconscientes) à superfície. Ao se conscientizar de uma crença limitante que você não deseja mais em seu cardápio, você pode criar uma afirmação para a nova crença. Dedique algum tempo agora para voltar à sua lista e começar a escrever afirmações positivas para as crenças negativas que identificou até agora. Há também uma página no final deste capítulo que você pode usar. Eu recomendaria muito que você usasse um caderno ou diário especial para suas afirmações. Você pode comprar um que seja especialmente atraente ou fazer um você mesmo. O objetivo é ter uma sensação positiva só de olhar para o seu diário, e (pelo menos para mim) um papel pautado qualquer não faz isso.

Itens antigos comuns que as pessoas podem ter:

- Eu não sou uma pessoa cativante.
- Eu não mereço uma vida maravilhosa.
- Eu não sou inteligente o suficiente para ter sucesso.
- Eu não sou atraente o suficiente para ser aceito.
- Nunca há dinheiro suficiente.
- Relacionamentos são difíceis.
- Eu não posso ter o emprego dos meus sonhos.
- Eu tenho que trabalhar duro em um emprego de que não gosto, sem receber o que mereço.
- A saúde depende da genética e do acaso.

Quando esses itens antigos estão no cardápio, a Lei da Atração continua a trazer experiências que "provam" que essas ideias antigas estão corretas. A crença antiga é perpetuada, e o ciclo persiste. Quando você começa a fazer afirmações conscientemente, essas antigas ideias têm a tendência de querer ressurgir no cardápio, então você precisa praticar repetição, repetição, *repetição*, até se sentir confortável de verdade com o novo cardápio. Deepak Chopra afirma que temos cerca de 90 mil pensamentos por dia, e 75 mil deles são os mesmos que tivemos ontem e anteontem. E aí nos perguntamos por que a nossa vida continua basicamente a mesma!

Quando você começa a fazer mudanças conscientes em seus pensamentos, o tempo dedicado às afirmações pode parecer separado do restante de sua vida. No entanto, à medida que você continua praticando, está treinando para pensar positivamente com a maior frequência possível.

A seguir, há um exercício para identificar seus pensamentos "típicos" diários. Já conduzi milhares de pessoas por esse exercício, e mesmo aquelas que praticam as ideias deste livro há muito tempo descobrem áreas em que precisam fazer mudanças. Leia o processo primeiro e, em seguida, volte e experimente. Ou você pode gravá-lo e depois reproduzi-lo para si.

> Respire fundo e feche os olhos. Imagine que está acordando em um dia típico da sua vida. Logo que você acorda, quais são seus pensamentos habituais? Você está grato por estar vivo e empolgado com o dia, está neutro ou está temendo levantar? Agora, tome consciência de seus pensamentos enquanto se prepara para o dia (seja para o trabalho ou outras atividades)... O que você está pensando? Ao se vestir e se ver no espelho, como você reage? Que tipos de pensamentos você tem enquanto se desloca para o trabalho? Como você reage ao ver seus colegas de trabalho e seu chefe? Você os julga, ou sabe que estão fazendo o melhor que podem? Na hora do almoço, você está preocupado com as calorias, ou se sente bem por escolher alimentos saudáveis? Esteja ciente de seus pensamentos típicos enquanto continua seu dia e volta para casa ou participa de outras atividades noturnas... Quais são seus pensamentos comuns ao se preparar para ir para cama e dormir? Agora, respire fundo algumas vezes, alongue-se e lentamente traga sua consciência de volta para o ambiente e abra os olhos.

Você tomou consciência de padrões de pensamento que precisa mudar? Faça algumas anotações sobre os pensamentos "típicos" que deseja mudar para que possa criar afirmações para eles.

Agora, vamos falar sobre algumas técnicas que o ajudarão a se conscientizar dos antigos itens do cardápio e eliminá-los.

Ouça a si mesmo falando

Ouça de verdade. Você fala sobre suas limitações e por que não pode ter o que deseja? Ou fala sobre as expectativas positivas que você tem e como sua vida é? Se você está reclamando que "minha vida NÃO É maravilhosa agora", adivinhe só? Você está perpetuando essa crença para si mesmo. No início, é preciso MUITA consciência para se concentrar no que você QUER, mas os resultados valem a energia investida. A vida é SUA. A qualquer momento você pode decidir que ela é uma alegria em vez de um fardo! Entendeu? VOCÊ DECIDE! Quando ouço as pessoas, muitas vezes escuto "Estou empacado" ou "Parece que não consigo superar esse problema". As palavras que a pessoa está pensando e dizendo a mantêm presa. Como o Universo pode lhe dar uma resposta se você continuar dizendo que está empacado? A Lei da Atração sempre funciona. Ela responde ao que você pensa e diz. Afirme que você tem a consciência necessária para mudar para um novo nível. Afirme que está falando de maneiras positivas e expansivas sobre sua vida.

Experimente a técnica de agrupamento

Para usar a técnica de agrupamento, pegue uma folha em branco e escreva um tópico no centro com um círculo ao redor. Você pode escrever "no que eu acredito sobre mim mesmo", ou "dinheiro e coisas materiais", ou "relacionamentos", ou "minha carreira perfeita". Em seguida, escreva rápido quantas associações puder em torno do tópico. Faça isso depressa para não começar a pensar logicamente sobre os assuntos. Após cerca de dez minutos, pare e revise o que você escreveu. Em seguida, comece a criar afirmações para as associações que deseja mudar. Por exemplo, se "dinheiro e coisas materiais" estiver no centro e uma das ideias escritas for "nunca é suficiente", anote uma afirmação como: "Eu SEMPRE tenho dinheiro suficiente para pagar minhas contas antecipadamente e ainda sobra muito para me divertir".

Use a técnica do espelho

Diga suas afirmações em frente ao espelho, olhando nos próprios olhos. Em especial, diga afirmações positivas sobre se amar e se aprovar e sobre o quanto você merece. Popularizada pela autora Louise Hay em seu livro de grande sucesso *Você pode curar sua vida*, muitas pessoas descobriram que essa técnica proporciona um salto quântico para se sentirem bem consigo mesmas, além de melhorar a autoestima. Quando eu atendia em um consultório particular, sempre usava a técnica do espelho na primeira sessão. De alguma forma, essa técnica toca o eu interior muito depressa, e muitas vezes, ao olhar para si mesmas com profundidade pela primeira vez, a primeira resposta das pessoas é o choro. Muitas não conseguiam dizer "eu te amo" para si mesmas de imediato, então começávamos com "estou disposto a amar e aceitar você". À medida que as sessões continuavam, muitas vezes meus clientes perguntavam: "Por quanto tempo precisarei continuar a terapia?". Minha resposta era: "Quando eu lhe entregar o espelho e você disser 'Obrigado', estará pronto para ir!".

Escreva a afirmação e a resposta.

Esse processo vai ajudá-lo a identificar as razões pelas quais uma parte sua está dizendo que você não pode ter o que quer. Pegue um pedaço de papel e faça duas colunas. Na primeira, escreva sua afirmação. Na segunda, escreva a primeira resposta que aparecer em sua mente. Escreva a afirmação de novo, e então a resposta. Normalmente, ao escrever a afirmação repetidas vezes, as respostas negativas mudam para positivas. Você está reforçando a nova crença, e seu subconsciente a está aceitando. Há dois exemplos disso na próxima página. Leia-os, e então pratique seus próprios exemplos.

Experimente um banho de afirmações

Nos workshops que conduzo, com frequência realizamos um processo chamado de banho de afirmações. Os participantes formam grupos de cinco, de modo que uma pessoa possa se sentar no centro e receber o "banho" das outras quatro. Funciona assim: escreva cerca de dez afirmações sobre si mesmo e sobre sua vida que você realmente deseja manifestar. Inclua aquelas que contradigam quaisquer ideias negativas que você tenha recebido na infância sobre si mesmo. Faça quatro cópias para dar aos outros no seu grupo, para que leiam para você quando estiver no centro. Cada pessoa tem cerca de cinco minutos para se sentar no centro e receber seu banho de afirmações. As outras quatro continuam lendo as afirmações em ordens diferentes (para que não estejam todas dizendo a mesma afirmação ao mesmo tempo). Pode parecer um pouco caótico, mas o resultado é que a mente consciente não é rápida o bastante para bloquear todas as quatro vozes, e as afirmações começam a de fato "penetrar" no nível emocional.

Afirmação	**Resposta**
Eu ESTOU em um relacionamento maravilhoso.	Você? Você não merece!
Eu ESTOU em um relacionamento maravilhoso.	Você não é atraente o bastante.
Eu ESTOU em um relacionamento maravilhoso.	É possível.
Eu ESTOU em um relacionamento maravilhoso.	Talvez.
Eu ESTOU em um relacionamento maravilhoso.	Sim, isso é ótimo.
Eu SEMPRE tenho dinheiro suficiente para pagar minhas contas antecipadamente.	É ruim, hein?
Eu SEMPRE tenho dinheiro suficiente para pagar minhas contas antecipadamente.	Fazendo o quê?
Eu SEMPRE tenho dinheiro suficiente para pagar minhas contas antecipadamente.	Difícil acreditar.
Eu SEMPRE tenho dinheiro para pagar minhas contas antecipadamente.	Às vezes, talvez.
Eu SEMPRE tenho dinheiro para pagar as minhas contas antecipadamente.	Estou disposto a acreditar.
Eu SEMPRE tenho dinheiro para pagar as minhas contas antecipadamente.	Sim, eu aceito a prosperidade.

Converse com sua criança interior

Feche os olhos e imagine-se como uma criança de cinco ou seis anos. Como ela se sente? De que ela precisa? Quais palavras reconfortantes e incentivadoras ditas por você essa criança precisa ouvir? Sua consciência carrega todas as memórias positivas e negativas da sua infância. Na verdade, não há apenas uma "criança interior". Existem inúmeras experiências que moldaram suas ideias sobre si mesmo e sobre a vida em todas as idades, e que ainda fazem parte de sua mente consciente e inconsciente. O exercício da criança interior e os outros já mencionados são projetados para ajudá-lo a se lembrar mais das crenças inconscientes e limitantes. Workshops de imersão muitas vezes são uma excelente maneira de realizar trabalhos de cura com a criança interior.

Utilizar essas técnicas o ajudará a desenvolver consciência das crenças limitantes que você tem usado para enviar pedidos à Cozinha Cósmica. Com essa nova consciência, você pode começar a enviar novos pedidos. Algumas pessoas sentem culpa quando começam a criar uma vida nova e maravilhosa. para si mesmas. De alguma forma, parece ser uma traição aos seus pais e às pessoas com quem cresceram, ou sentem que estão sendo egoístas. Se você está tendo esses sentimentos...

SUPERE-OS!

Nos Estados Unidos, há um cartaz de recrutamento para o Exército que diz "O Tio Sam precisa de VOCÊ". Bem...

O UNIVERSO PRECISA DE *VOCÊ*!

Isso mesmo, o Universo precisa de você e da sua energia para ajudar todos a mudar. Quanto mais você se abre para a alegria e a felicidade, mais ajuda os outros. *Um curso em milagres*, um curso espiritual que estudo há anos, diz que, para cada cinco minutos que você passa na luz, mil mentes se abrem para uma nova forma de ver. Essa é uma ideia incrível. Você está fazendo esse trabalho não apenas para si mesmo, mas para o planeta inteiro. Isso não significa que sua mãe de repente aceitará essas ideias. Mas, em um nível de consciência coletiva, suas mudanças ajudam a todos.

Na próxima página, há algumas afirmações para reforçar a limpeza do antigo cardápio e dar as boas-vindas a uma nova e maravilhosa vida. Na última página do capítulo, escreva seus próprios pedidos à Cozinha Cósmica, olhando para a lista de crenças negativas que você escreveu no início deste capítulo e transformando-as em pedidos positivos que você está criando agora.

AFIRMAÇÕES PARA REMOVER ITENS ANTIGOSDO CARDÁPIO

Eu escolho acreditar que é fácil remover do cardápio os itens que não quero mais.

Estou disposto a abrir os meus braços e receber a vida maravilhosa que mereço.

Todo os recursos de que necessito para minha cura emocional e espiritual vêm a mim facilmente, sejam eles um livro, um vídeo, um áudio ou um profissional.

Eu tenho percepções claras que me ajudam a desapegar do passado.

Eu acredito que mereço uma vida divertida e empolgante.

Eu saúdo as manhãs com alegria e entusiasmo.

Eu começo minha vida nova neste instante.

Eu realmente me amo. Amo, sim. Amo, sim!

Minhas mudanças positivas ajudam a todos.

PEDIDOS PARA O MEU NOVO CARDÁPIO...

Eu reservo facilmente um momento especial todos os dias para praticar meditação e visualização. Minha mente, meu corpo e meu espírito são nutridos e energizados por essa experiência. Eu me alegro ao criar as novas "paisagens internas" que geram mudanças no exterior.

Capítulo 4

Meditação e visualização

A meditação e a visualização são duas técnicas poderosas que ajudarão você a concentrar energia em seus pedidos e acelerar a Cozinha Cósmica. Sendo uma garota de uma família conservadora de Nova Jersey, eu nunca esperava advogar pela meditação, mas isso aconteceu da seguinte maneira:

Sempre vou me lembrar da primeira vez que voei para o aeroporto de Los Angeles. Enquanto estávamos descendo, vi uma camada marrom horrível no ar e perguntei ao homem ao meu lado: “O que é isso?”. Ele olhou para mim como se eu fosse um pouco lerda e disse: “Isso é fuligem!”. Fuligem, eca, que feio. Eu não tinha ideia de que o céu em LA era assim. Pensava que a Califórnia era ensolarada e bonita. E quanto a todas aquelas músicas dos Beach Boys?

Eu nunca tinha visitado LA antes, mas lá estava, a caminho de começar um mestrado em Química (é uma longa história) na Universidade do Sul da Califórnia. Durante meu terceiro ano em uma faculdade perto de Chicago, decidi que queria me inscrever em uma pós-graduação “em algum lugar quente”. Sem nunca ter visitado a Califórnia, eu a escolhi e me inscrevi em duas escolas: a USC e a UCLA. A UCLA me rejeitou completamente, mas a USC me deu uma bolsa de ensino, então nem havia escolha. Enquanto o avião descia, eu não fazia ideia de que minha jornada externa para a Califórnia desencadearia uma jornada interior e uma busca espiritual. Mas, como minha mãe costumava dizer: "Vocês, na Califórnia, estão uns dez anos à frente de nós, o pessoal da costa leste". Na época, eu não reconheci meu desejo interno como uma busca por conexão espiritual. Eu achava que era apenas o desejo de estar em um lugar novo.

Cerca de três semanas após o início do semestre na USC, eu já sabia que o programa de Química não era para mim. Meus cursos na faculdade simplesmente não haviam me preparado. Felizmente, minha posição de ensino era para um curso bem básico, então deu tudo certo. E descobri que eu amava ensinar, algo para o qual retornaria anos depois. Mas naquele momento eu precisava de um emprego. A oportunidade apareceu na forma de um cargo de assistente social em Watts. O estresse do trabalho me levou à meditação.

Os mestres da meditação oriental com frequência se referem à mente humana como a "mente de macaco" porque ela parece pular de um lugar para outro. Antes de começar a meditar, parecia que minha mente corria em várias direções diferentes, e eu tinha dificuldade em focar e me concentrar em algo por muito tempo.

Quando comecei a meditar no início dos anos 1970, isso era considerado estranho e esquisito, mesmo na Califórnia. Naquela época, muitos dos meus amigos achavam que fumar um baseado era a resposta para o estresse. No entanto, celebridades como os Beatles e Mia Farrow estavam começando a meditar, então a meditação ganhou alguma popularidade. Ela mudou minha vida para melhor de maneira tão significativa que eu pregava sobre os benefícios para qualquer um que me desse ouvidos. Tenho certeza de que às vezes fui um tanto irritante, mas queria que todos se sentissem tão maravilhosos quanto eu me sentia.

A meditação é um processo simples de focar a atenção na respiração ou em uma breve frase chamada mantra. Esse processo o levará a um estado tranquilo e relaxado. Isso permite que você se equilibre em nível emocional, físico, mental e espiritual. Se houvesse uma pílula que fizesse isso, seria a mais popular no mercado! Quando você está nesse lugar tranquilo, seu coração e sua mente estão conectados, então fazer suas afirmações nesse nível é ainda mais poderoso do que apenas as repetir quando você está em seu estado consciente usual. Minha própria jornada com a meditação começou como um método de redução de estresse, mas evoluiu para uma prática espiritual à medida que experimentei a conexão coração/mente e a sensação de estar conectada a "algo" maior que eu. Para mim, está claro que muitas das manifestações que criei em minha vida, mesmo antes de conhecer as afirmações, foram resultado da minha prática diária de meditação.

Se você já estiver meditando regularmente, ótimo. Continue assim. Se não estiver, está pronto para mudar sua vida para melhor? Existem muitos livros sobre meditação e muitos grupos aos quais você pode se juntar para aprender e praticar, então vou lhe dar algumas técnicas básicas aqui.

> Sente-se em uma posição confortável. Afrouxe qualquer roupa restritiva. Feche os olhos com suavidade. Respire profunda e tranquilamente. Concentre-se na sua respiração. Enquanto inspira, pense: "Estou...", e enquanto expira, pense: "relaxado". Faça isso várias vezes. Deixe seus ombros, sua mandíbula e suas costas relaxarem e se soltarem. Em seguida, começando no topo da cabeça, mova sua consciência lentamente para baixo pelo seu corpo, escaneando em busca de tensão. Em qualquer lugar que você sinta tensão, pause e se imagine inspirando relaxamento para essa parte do seu corpo e expirando a tensão. Continue esse processo até que todo o seu corpo esteja relaxado.

> SINTA-SE ficando cada vez mais relaxado, tranquilo e feliz. Volte ao pensamento "Estou..." enquanto inspira e "relaxado" enquanto expira. Permaneça com esse pensamento por dez a vinte minutos. Então, pouco a pouco, traga sua atenção de volta ao momento. Perceba o ambiente e a cadeira ou o sofá em que esteja sentado. Respire mais profundamente. Alongue-se, comece a mover seus braços e suas pernas e, em seguida, abra os olhos devagarinho. Reserve alguns minutos para voltar ao seu nível de atividade usual.

Existem inúmeros outros modos de alcançar um estado de profundo relaxamento. Você pode querer experimentar métodos diferentes para descobrir qual deles o ajuda mais. Aqui estão algumas sugestões:

- Conte suas respirações de um a quatro. Conte mentalmente cada vez que você expirar, começando com um e indo até quatro. Repita a contagem várias vezes.
- Diga mentalmente "calma e serenidade" a cada respiração, ou qualquer outra frase que seja relaxante para você.
- Visualize-se em um ambiente bonito e tranquilo. Uma vez relaxado, pense em suas afirmações.

Ao praticar a meditação, faça isso antes de comer ou aguarde meia hora após uma refeição leve e pelo menos uma hora após uma mais pesada. Desligue o telefone e reconheça que esse é um momento especial para se cuidar. Você pode descobrir que tocar música suave ao fundo ajuda a alcançar um maior relaxamento. Algumas pessoas preferem usar meditação guiada para ajudá-las a relaxar. Há muitos áudios disponíveis. Aqueles que eu gravei estão listados no final do livro. Você também pode gravar qualquer uma das instruções anteriores para si mesmo.

Praticar a meditação e colher seus muitos benefícios exige tempo e comprometimento. Comece onde puder, com o tempo que tiver disponível, e logo você se sentirá motivado a reservar pelo menos quinze minutos por dia para essa maravilhosa técnica de autoacolhimento e rejuvenescimento. Sua experiência com a meditação será diferente de um dia para o outro. Eu desfrutei muitos momentos de grande felicidade na meditação, sentindo como se estivesse em um lugar atemporal, e também muitos momentos de dificuldade em manter o foco. O importante é FAZER, e os resultados falarão por si mesmos. Agora, vamos à visualização.

As visualizações envolvem imaginar, ver, sentir ou descrever algo que você gostaria de criar. Elas envolvem todos os sentidos com afirmações para dar ao seu subconsciente a EXPERIÊNCIA da realidade que você está criando. Seu subconsciente não sabe a diferença entre a realidade "lá fora" e a que você cria internamente, então as visualizações criam uma nova "paisagem interna" que, por sua vez, produz resultados no exterior. Muitas pessoas dizem que não conseguem visualizar; no entanto, sempre podem descrever seu quintal ou sua cozinha. Isso é uma forma de visualização. Quando conseguimos de alguma forma imaginar ou sentir o que queremos, estamos visualizando. É simples assim. A parte do sentimento é, na verdade, mais importante do que de fato "ver" a nova realidade, pois o Universo responde mais rápido aos sentimentos que você emite.

A visualização pode ser usada para imaginar uma nova carreira, maior prosperidade, um relacionamento maravilhoso, saúde vibrante, viagens a destinos exóticos, mudança de hábitos e conexão com a sua Sabedoria Interior. De fato, os usos dessa técnica são infinitos. Ela também pode ser usada para neutralizar o passado. Você pode imaginar falar com a "criança interior" que foi ensinada a acreditar em limitações e contar a ela sobre a nova realidade de abundância que você está criando.

Em seu livro *Visualização criativa*, Shakti Gawain identifica quatro etapas para a visualização. Primeiro, decida exatamente o que deseja criar. Segundo, crie a imagem mental ou o sentimento do que está criando. Inclua o máximo possível de detalhes. Use imagens poderosas que incorporem o que você está criando, como uma imagem do oceano como sua fonte de abundância. Terceiro, concentre-se levemente nessa imagem ou nesse sentimento durante os momentos de meditação, bem como durante o dia. Por fim, use afirmações positivas para dar uma energia positiva extra ao seu objetivo.

Na próxima página, há um exemplo de visualização para aumentar a prosperidade. Leia-a devagar, depois feche os olhos e a repasse mentalmente, sentindo de fato como se isso já tivesse acontecido em sua vida.

Na última página do capítulo, reserve alguns minutos para escrever uma breve visualização para algo que *você* deseja criar.

Visualização para prosperidade

Respire fundo. Permita que seu corpo relaxe...

Respire de forma lenta e tranquila repetidas vezes...

Agora, imagine-se em um belo campo. Olhe ao redor para a grama verde se estendendo pelo campo e a variedade de flores silvestres coloridas. Você fica ciente da abundância da natureza. Você pode senti-la. Essa abundância da natureza também é sua. Sinta-a de verdade! Agora, imagine-se na praia. A fina areia se estende ao seu redor, e o oceano brilha à sua frente. Se você começasse a contar os grãos de areia, nunca terminaria. Se começasse a mergulhar uma grande tigela no oceano, sempre haveria mais. Assim é a prosperidade do Universo. É ilimitada!

Agora, traga à mente algo que você deseja manifestar... Pode ser mais dinheiro, uma viagem especial, um carro, o que você quiser. Imagine agora mesmo que isso já aconteceu e é uma realidade em sua vida. Use todos os seus sentidos para imaginar essa realidade. Sinta isso com a maior intensidade possível. Permaneça com as imagens e os sentimentos por alguns minutos. Em seguida, respire profunda e calmamente e traga sua consciência de volta para o cômodo onde você está sentado. Esteja ciente do ambiente, alongue-se e abra os olhos pouco a pouco.

MINHA VISUALIZAÇÃO...

Neste momento, escolho acreditar que o Universo é abundante e que mereço tudo de bom. Sou parte do fluxo universal de energia em um oceano de abundância. Todos os dias expresso gratidão por tudo o que faz parte da minha vida.

Capítulo 5

Pedidos financeiros e materiais

Há dinheiro suficiente neste planeta para que todos (sim, todos) tenham 1 milhão de dólares! Então, você pode estar se perguntando por que Bill Gates tem BILHÕES e algumas pessoas têm um milhão, e você não sabe de onde virá o próximo centavo. A resposta é simples: consciência. Cada um de nós reproduziu as crenças da infância sobre merecimento e dinheiro para criar o que temos em nossas vidas neste exato momento. Mas não comece com essa coisa de culpar ou se sentir culpado. Você pode começar a mudar sua consciência sobre dinheiro e coisas materiais AGORA MESMO.

Ao liderar workshops sobre prosperidade, costumo dizer ao grupo que a resposta para o bem-estar financeiro *não é* mais dinheiro. Normalmente, há um breve silêncio atônito depois que eu digo isso. Em seguida, explico que se redistribuíssemos todos os bilhões no planeta amanhã e ninguém mudasse sua consciência sobre dinheiro, tudo voltaria para as mesmas pessoas nas mesmas quantias em cerca de seis meses. A resposta está em mudar suas crenças sobre o que você merece receber.

O que você aprendeu sobre dinheiro e coisas materiais enquanto crescia? Lembra-se de seus pais discutindo sobre como gastar dinheiro? Reserve alguns minutos para sentar com tranquilidade. Feche os olhos e permita que sua mente volte no tempo para alguma experiência importante sobre dinheiro quando você estava crescendo. O que aconteceu? Qual foi a crença que você desenvolveu a partir dessa experiência? Se foi limitadora, imagine-se sendo aquela criança e comece a dizer a ela que é hora de criar um novo conjunto de ideias sobre dinheiro, as quais sejam expansivas e solidárias. Diga à criança quais são essas novas afirmações. Se a experiência lembrada o ajudou com pensamentos positivos sobre dinheiro, reforce esses pensamentos com sua criança interior.

Pergunte a si mesmo: quem você trairia se fosse financeiramente bem-sucedido? Quando faço essa pergunta em meus cursos, a resposta muitas vezes é mãe ou pai (ou ambos). De alguma forma, uma parte da criança sente que ultrapassar as limitações dos pais não está certo. Você pode fechar os olhos e conversar com a mãe, o pai, ou qualquer pessoa que tenha tido uma influência significativa em suas crenças de prosperidade, e dizer a esse alguém que está tudo bem para ambos serem prósperos e bem-sucedidos. Vá até o espelho e faça a mesma coisa. Esteja disposto a ir além das antigas limitações.

Um incidente que aconteceu comigo muitos anos atrás demonstrou como eu tinha me limitado inconscientemente. Durante meus anos na faculdade, minha mãe costumava me levar para comprar roupas no final do verão. Pouco antes do meu último ano, fomos fazer compras como de costume. Eu precisava de um casaco novo, e tinha que ser um casaco quente, porque minha faculdade ficava perto de Chicago, Illinois, e os invernos eram bem frios. Nesse dia de compras em particular, eu me deparei com o casaco mais bonito que já tinha visto. Era bege, comprido, quente e servia com perfeição. *E estava em promoção.* Mas mesmo em promoção, era mais do que minha mãe normalmente gastaria comigo em roupas, e ainda tínhamos mais compras para fazer. Ela olhou para o meu rosto, viu o quanto eu queria aquele casaco, sorriu e levou-o ao balcão para pagar. Eu estava tão animada. Esse casaco deslumbrante era perfeito.

Uma semana depois, eu estava em um voo de Newark, New Jersey, para o aeroporto de Chicago. Eu tinha tanta bagagem que levei na mão meu sobretudo e meu lindo casaco novo. Assim que chegamos em Chicago, eu e mais dois amigos chamamos um táxi para nos levar ao dormitório da faculdade. Com três pessoas, estávamos apertados no banco de trás e, assim, meus casacos foram parar no compartimento atrás do banco. Quando chegamos à faculdade, todos descemos e começamos a levar nossas malas para cima. Cerca de quinze minutos depois, percebi de repente que havia deixado meus casacos no táxi! Em pânico, eu nem conseguia lembrar o nome da companhia de táxi, e meus amigos também não. Comecei a ligar para empresas no catálogo telefônico, perguntando se algum de seus motoristas tinha relatado os casacos esquecidos. Não, não, não! Eu me senti arrasada. Como eu contaria para a minha mãe que o casaco caro tinha se perdido? Por que eu tinha sido tão boba a ponto de perdê-lo? Passaram-se muitos anos antes de eu entender por que eu tinha esquecido inconscientemente o casaco. Foi porque minha crença era: "Você pode ter coisas boas, mas não o que você quer DE VERDADE, porque é caro demais". O casaco era o que eu queria mesmo, e isso era contrário à minha crença, então eu o perdi antes mesmo de usá-lo. Quando me dei conta disso, pude parar de me culpar pela perda. Minha nova afirmação tornou-se: "Eu mereço receber exatamente o que eu quero e tenho dinheiro para pagar por isso".

Enquanto você seguir sua rotina nos próximos dias, esteja ciente de seus pensamentos sobre dinheiro e coisas materiais. Você diz para si que não pode ter coisas? Preste atenção aos seus pensamentos quando for gastar dinheiro. Observe o que você pensa sobre gente que parece ter muito dinheiro e gente que parece ter pouco. Quando perceber pensamentos limitantes, crie uma afirmação para a nova crença que você deseja enviar para a Cozinha Cósmica.

Atenção: o propósito das afirmações não é ser uma desculpa para que você gaste dinheiro de maneira irresponsável. Acumular grandes dívidas no cartão de crédito enquanto afirma que o Universo cuidará delas não é uma boa gestão financeira. Existem três partes nas questões financeiras: mentais/emocionais, práticas e espirituais. Primeiro, você precisa identificar as antigas crenças e emoções sobre dinheiro que não lhe servem mais. Em seguida, você precisa criar afirmações para as novas crenças. Depois, precisa ser honesto consigo mesmo sobre as questões práticas. Você está acompanhando seus gastos? Consegue pagar suas contas de cartão de crédito todo mês? Caso não consiga, você tem um plano para ficar livre de dívidas? Crie um plano para lidar com as questões práticas do dinheiro. Terceiro, você deve reconhecer que o Universo é sua Fonte, não um emprego e não uma pessoa. A obra de John Randolph Price, *O livro da abundância*, é excelente para treinar sua consciência para a abundância do Espírito.

É preciso fé e confiança para acreditar que você merece prosperidade quando olha para sua conta bancária e tem R$ 100 e o aluguel que está vencendo custa R$ 500. Alguns meses após comprar meu apartamento, eu estava sentada na lavanderia esperando minhas roupas secarem e decidi conferir meu extrato bancário e estimar minha renda e as despesas para o mês. Em poucos minutos, ficou claro que eu não tinha dinheiro suficiente para pagar meu financiamento, muito menos as outras contas. Na época, como estagiária de Psicologia, minha renda dependia do número de clientes que eu atendia a cada semana. Era depois das festas de Natal e, tradicionalmente, as pessoas não procuram terapia em janeiro. Eu não tinha poupança para usar.

Mesmo praticando as técnicas deste livro havia anos, naquele momento me senti arrasada. Eu estava na lavanderia e comecei a chorar, me perguntando por que o Universo tinha me permitido comprar minha primeira casa se eu teria que abrir mão dela tão depressa. (Esses pensamentos eram bastante extremos, mas talvez você possa se identificar.) Fui para casa, guardei minhas roupas e segui direto para o pequeno mezanino no meu apartamento. Aquele era o meu espaço de meditação. Eu me sentei no chão, comecei a respirar fundo para relaxar e depois passei mais de uma hora em meditação, conectando-me com o Espírito como minha Fonte e dizendo minhas afirmações depois de me sentir mais em paz. Elas eram: "Estou segura. Todo o dinheiro de que preciso para meu financiamento e outras despesas é providenciado para mim. Expresso minha gratidão ao Universo por toda a sua abundância".

No dia seguinte, fiz a mesma coisa, e no outro dia também. Cultivei esse lugar de confiança perfeita. Mas também me perguntei: "Qual é a pior coisa que poderia acontecer?". Bem, o pior seria ter que vender o apartamento e não ter onde morar. Eu conseguiria lidar com isso? Não seria a minha escolha, mas conseguiria. Poderia encontrar outro lugar? Claro. Na verdade, até me ocorreu que eu poderia deixar o sul da Califórnia de vez e ir para Esalen (um incrível centro de conferências e retiros no norte da Califórnia) e fazer trabalho de meio período enquanto estudava por lá. *Existiam* opções, independentemente do que acontecesse com meu apartamento. E então o telefone começou a tocar. Em uma semana, eu tinha catorze novos clientes agendados. Não apenas tinha o suficiente para pagar o financiamento, mas também para pagar outras contas e comprar mantimentos. Esse foi um exemplo poderoso de confiança!

Talvez a história a seguir também ajude você a desenvolver confiança.

Delia é uma mulher entusiasmada e apaixonada de Liverpool, Inglaterra, que sabe que fazer pedidos para a Cozinha Cósmica funciona. Há alguns anos, ela trabalhava meio período como babá, buscando crianças na escola e cuidando delas até a hora de levá-las para casa. No entanto, sempre foi uma artista frustrada e decidiu investir em si mesma fazendo um Curso de Efeitos em Pintura. Depois, gastou algumas centenas de libras em publicidade para suas pinturas, planejando continuar como babá até que o negócio de pintura decolasse. Em sua mente, porém, ela decidiu "se dedicar" mesmo à pintura, e do nada seu trabalho de cuidar de crianças foi encerrado, e nenhum trabalho de pintura havia começado ainda.

No último dia de seu contrato de cuidadora, Delia levou as crianças a um parque de diversões. Enquanto elas brincavam, sentou-se com caneta, papel e extrato bancário. Quando os créditos e débitos foram registrados, ela viu com desânimo que estava muito "no vermelho", sem perspectivas aparentes de renda. Houve alguns minutos de desespero e tristeza, e então ela se lembrou: eu sei como fazer afirmações. Internamente, uma luz se acendeu. Ela rasgou o extrato de créditos e débitos e escreveu:

Meus talentos são reconhecidos.
Meus talentos são requisitados. Eu abro
meus braços para a prosperidade

Dirigindo para casa, as crianças riam enquanto ela repetia as afirmações em voz alta. Ela se sentia inspirada e animada. Depois de deixar as crianças, Delia seguiu para casa, ainda dizendo suas afirmações. Ao chegar lá, ouviu o telefone tocar. Correu para dentro e atendeu. Quem ligava era Lorraine, uma cliente anterior. Lorraine disse que tinha falado sobre Delia e seu trabalho para uma jornalista do *Liverpool Echo*, e eles queriam fazer uma matéria. Ela estava interessada? Em uma semana, a foto de Delia e um artigo de página inteira sobre ela e seu trabalho intitulado "A mulher que transformou seu hobby em um negócio" saíram no jornal. O telefone começou a tocar sem parar, com pedidos, e seu negócio decolou. Agora, se o telefone está quieto, seu marido diz: "Abra os braços e faça aquela coisa de afirmação!".

A Cozinha Cósmica tem talento para atender aos pedidos de uma maneira diferente das suas expectativas. Por vários anos, tenho liderado cursos e workshops aos finais de semana. Ao organizar algo assim pela primeira vez, aprendi uma lição maravilhosa sobre confiança. O evento seria realizado em um belo retiro de saúde na Califórnia, chamado Murrieta Hot Springs Resort. Eu contei aos meus clientes e fiz propaganda. No entanto, o prazo para fazer o depósito estava chegando, e apenas algumas pessoas tinham se inscrito. O depósito para reservar o resort estava atrasado e, devido à minha falta de experiência, eu não havia definido um valor alto o suficiente para cobrir o valor que o resort exigia para reservar os quartos. E não tinha dinheiro sobrando em minha conta bancária. Então, durante toda a semana, fiz afirmações referentes a seis cheques de depósito. Na sexta-feira, fui até minha caixa postal e dei uma espiada. Apenas um envelope. Como eu ia pagar o resort? Com um sentimento de desânimo, enfiei a mão, puxei o único envelope e o abri. Dentro havia um cheque com O VALOR TOTAL da inscrição do fim de semana para um casal, e esse valor era *exatamente* o que teriam sido seis depósitos. Mais uma vez, fiquei grata ao Universo por encontrar a melhor maneira de atender ao meu pedido, uma que eu não tinha imaginado.

Como muitas pessoas, Diane foi criada acreditando que o dinheiro não cresce em árvores e que você precisa trabalhar bastante e ser econômico. Diane participou de um dos meus programas de treinamento na Inglaterra. Como parte do treinamento, cada pessoa conduz uma sessão de 45 minutos com um pequeno grupo no final da semana. Diane decidiu que faria a dela sobre prosperidade, já que era algo que ela queria aprender. Enquanto se preparava para a apresentação, esta bela visualização surgiu para ela:

> Feche os olhos e comece a respirar fundo. Comece a relaxar. Lembre-se de que está seguro e divinamente guiado. Respire fundo, relaxe os ombros e visualize a estrela mais brilhante da galáxia. Ela brilha com muita intensidade entre as centenas de outras estrelas e está se tornando cada vez mais brilhante. Este momento está suspenso no tempo. É um momento de expectativa, de maravilha, de possibilidade infinita.
>
> De repente, a estrela – a sua estrela – atravessa a galáxia, acumulando poder e energia à medida que avança em sua direção. Seu raio poderoso entra pelo topo da sua cabeça. Você nunca sentiu tanto poder, tanto magnetismo, tanta paz. Você é um com o Deus que o criou. Você é um com todas as estrelas da galáxia; a abundância do Universo é sua. Sinta-se tornar-se um ímã divino para toda a prosperidade que você merece!
>
> O poder dessa bela estrela viaja pelo seu corpo até sair pelos dedos dos pés, e você é como um contínuo raio de luz, que lhe conecta ao planeta Terra nutridor e à galáxia de estrelas. Você está agora atraindo toda a prosperidade e abundância do Universo para si. Sinta a paz enquanto seus sonhos de saúde, riqueza, relacionamentos amorosos e sucesso na sua carreira se realizam. Leve o tempo que precisar para vivenciar esses sentimentos maravilhosos. Traga de volta esses sentimentos toda vez que disser sua afirmação positiva: "Sou

divinamente abundante e um ímã para o sucesso". Em seguida, liberte seus sonhos com gratidão ao Universo para que se manifestem para você no plano terreno.

Após sua apresentação, Diane estava eufórica pela experiência e correu para o telefone para ligar para o marido. Animada, ela contou sobre a decisão da apresentação sobre prosperidade e como tinha sido bem-sucedida. Houve um breve silêncio e, em seguida, ele lhe disse: "Talvez isso explique por que você recebeu hoje um cheque com seu aumento!". Diane deu um suspiro surpreso – ela vinha negociando um aumento havia meses, e ele chegara bem naquele dia, de todos os possíveis.

Você está pronto para deixar de lado suas crenças limitantes sobre prosperidade e dar as boas-vindas à sua abundância? Na próxima página, há várias afirmações de prosperidade. Leia-as, cante-as, abra seus braços e esteja disposto a acreditar nelas. Em seguida, escreva algumas das suas próprias. Saiba que VOCÊ MERECE a abundância do Universo.

AFIRMAÇÕES PARA PROSPERIDADE

Eu sou um ímã de dinheiro!
Sempre aparece renda
inesperada para mim.

A cada dia, meu relacionamento com
o dinheiro fica mais saudável.

Minha renda sempre cresce,
enquanto meus gastos continuam
proporcionalmente iguais ou menores!

Todas as minhas necessidades
são supridas pela abundância
Universal do Espírito.

Eu sempre tenho dinheiro para pagar minhas contas antecipadamente.

Escolho acolher pensamentos de abundância que me acalentam e me dão apoio.

Tenho confiança de que recebo um pagamento maravilhoso realizando um trabalho e prestando um serviço que são importantes para mim.

Eu dou boas-vindas a uma abundância de felicidade, amor e dinheiro em minha vida.

Eu acredito que o dinheiro é meu amigo e mereço recebê-lo em abundância.

MEUS PEDIDOS DE PROSPERIDADE...

É maravilhoso usar minhas habilidades e capacidades únicas para realizar um trabalho e serviço que são importantes para mim. É encantador trabalhar com pessoas criativas e de mentalidade semelhante. Eu recebo de braços abertos uma compensação financeira abundante pelo meu trabalho.

Capítulo 6

Pedidos de carreira e sucesso

Antes mesmo de entender os conceitos de afirmações e a Cozinha Cósmica, manifestei vários empregos: assistente social, profissional de reabilitação, professora assistente e professora de faculdade comunitária. Assim que compreendi como isso aconteceu, comecei conscientemente a usar esses conceitos para continuar criando novas oportunidades de carreira para mim. E você também pode fazer isso!

Em 1981, meu trabalho era administrar programas de bem-estar no local de trabalho subvencionados pelo Estado. Esse cargo foi conquistado após afirmações, mas, uma vez nele, percebi que a administração não era a minha praia. Eu queria dar cursos sobre gerenciamento de estresse e outros tópicos de bem-estar, não organizar para que outros o fizessem. Embora o trabalho tivesse alguns aspectos empolgantes, minha verdadeira alegria estava em compartilhar informações que ajudavam as pessoas a viver de maneira mais saudável e feliz. Então, comecei a afirmar: "Tenho um trabalho maravilhoso ensinando, ganhando o mesmo salário ou um ainda maior do que tenho agora. Tenho tempo para trabalhar na minha tese de doutorado e também consigo concluir meu contrato aqui". Eu pensava ou dizia essas afirmações de vez em quando.

Passaram-se alguns meses. Um dia, o telefone tocou no meu escritório. A pessoa do outro lado da linha se identificou como Ken

Ravizza, professor na California State University – Fullerton. Ele tinha recebido a indicação do meu nome de um conhecido mútuo que disse que eu estava "envolvida em saúde holística". Ele me disse que ia tirar um ano sabático no ano seguinte e precisava de alguém para dar seu curso de gerenciamento de estresse. Ele me pediu para ir à sua aula no mês seguinte e dar uma palestra que pudesse ser gravada e apresentada ao chefe do departamento. Claro que eu aceitei, e agendamos uma data. Falei para sua turma sobre o uso de habilidades de comunicação para reduzir o estresse. Foram vários meses antes de eu ter a confirmação de que tinha sido contratada para o ano seguinte. Consegui terminar meu contrato com o Estado, ter alguns meses no verão para trabalhar na minha tese e depois fazer o que amo: ensinar. Trabalhar com os alunos foi maravilhoso, e eu gostei muito de complementar suas aulas estritamente acadêmicas com técnicas práticas para viver de forma mais plena. A aula se tornou tão popular que mesmo depois que Ken voltou do sabático, eu consegui continuar dando o curso. Por oito anos, ensinei gerenciamento de estresse na universidade, até que meu consultório particular ficou tão ocupado que não havia tempo para ambos.

Após concluir meu doutorado, continuei lecionando meio período e decidi dedicar alguns meses para decidir o que mais gostaria de fazer. Ocasionalmente, recebia ligações de pessoas interessadas em saber se eu fazia atendimento individual. Sempre dizia "não" e as encaminhava para outra pessoa. Aí, um dia, a ficha caiu. O Universo estava enviando clientes para mim, e eu vinha recusando. Embora meu diploma fosse em Psicologia Social, eu tinha uma boa experiência em aconselhamento e sempre amei trabalhar com pessoas. Assim, na ligação seguinte, eu disse: "Eu faço atendimento individual, sim". Como eu não tinha um consultório, a pessoa vinha até minha casa. Eu logo estava com vários clientes.

No entanto, havia algumas desvantagens em trabalhar em casa. A sala de estar era o local de aconselhamento, então meu marido tinha que se retirar para o quarto se eu tivesse um cliente à noite. Além disso, eu guiava os clientes por muita meditação e visualização, e nossos cachorros sempre percebiam a energia e começavam a latir perto da janela da sala de estar. Ficou claro que eu precisava de um consultório. Mas onde? Comecei a fazer afirmações sobre o espaço de consultório perfeito. Olhei alguns anúncios no jornal e os aluguéis pareciam altos, mesmo para localizações ruins. Um dia, decidi fazer uma sessão de respiração para ganhar clareza sobre a situação. Por 45 minutos, fiz uma respiração conectada intensa e não tive nenhuma revelação. Mas, quando terminei, sem pensar, fui até a cozinha, abri o jornal na seção de classificados e lá, para minha alegria, estava um pequeno anúncio que dizia: "Compartilhando consultório de saúde holística". Rapidamente, liguei para o número e falei com Rhonda. Ela tinha um consultório de reflexologia/acupressão e parecia maravilhosa ao telefone. Então ela me disse o preço do consultório: quatrocentos dólares, só por uma sala! Em 1986, isso parecia muito dinheiro para gastar mensalmente em um consultório. Mas, por algum motivo, marquei um horário para visitar o local. Enquanto dirigia até lá no dia seguinte, meu diálogo interno negativo começou: *Por que você está indo ver esse consultório? Você sabe que não pode pagar. Isso é uma perda de tempo. Blá, blá, blá.*

Quando cheguei, Rhonda ainda estava com um cliente, então eu apenas dei uma olhada. O consultório tinha uma ótima localização, na Pacific Coast Highway em Seal Beach. Por dentro, havia um carpete verde-escuro aconchegante e móveis confortáveis na sala de espera. E então vi a oração que eu dizia todos os dias, tirada do livro *Um curso em milagres*, bem ao lado da porta da sala disponível para aluguel. Parecia um sinal. Tenho certeza de que você pode adivinhar que mudei para esse consultório dali a poucas semanas.

Foi uma época empolgante. O consultório ficava a apenas quinze minutos da minha casa, eu dava miniworkshops semanais, e minha base de clientes estava aumentando. Então, um dia, Rhonda me convidou para almoçar. Eu pensei: "Que legal, esta é a primeira vez que saímos para almoçar". Mas a notícia que ela me deu tirou completamente o meu apetite. Ela havia comprado um apartamento em Huntington Beach e encontrado um consultório para alugar com um médico lá. A menos que eu quisesse assumir o aluguel de mil dólares por mês em Seal Beach, eu também precisaria encontrar outro consultório. Fiquei arrasada. Aquele era tão perfeito. O que eu não percebi na época foi que outros Pedidos Cósmicos que eu havia feito estavam sendo atendidos.

Rhonda estava se mudando para um consultório em uma área comercial encantadora e muito incomum chamada Seacliff Village. Havia belos murais de cerâmica com paisagens marinhas e exposições especiais sobre pássaros ao redor do complexo. Tinha um clima maravilhoso e também era, por acaso, o local da igreja que eu frequentava. Poucos dias após o nosso almoço, Rhonda me disse que o médico tinha outro consultório para alugar, se eu estivesse interessada. O aluguel era menos de duzentos dólares (a boa notícia), mas pelo menos meia hora longe da minha casa (a má notícia). Então, lembrei-me de ter pensado muitas vezes no passado: "A energia é tão maravilhosa em Seacliff Village. Adoraria trabalhar por lá". Embora eu achasse a viagem tediosa às vezes, a mudança para o consultório em Seacliff Village acabou sendo um momento crucial para mim, pois comecei a frequentar aulas na igreja que aprofundaram minha compreensão do Universo e de como ele funciona. E em poucos meses, meu desejo de ser de maior utilidade foi atendido quando um homem gay que sabia que eu tinha estudado com Louise Hay me pediu para liderar na igreja um grupo de apoio a pessoas com HIV. Por mais de dois anos, conduzi esse grupo todas as noites de segunda-feira. Foi uma das minhas experiências de aprendizado mais poderosas.

O Universo parece gostar de atender a pedidos de uma maneira diferente do que você espera. Elizabeth é uma mulher alta, bonita e morena. Devido aos anos de prática espiritual, sua beleza interior realmente brilha. Quando a conheci em uma das minhas sessões de treinamento, pensei que ela devia ter sido uma modelo. Mais tarde, descobri que ela havia sido uma dançarina, trabalhando no MGM Grand em Reno e em outros lugares. Anos depois, ela trabalhava como agente de talentos em Las Vegas, mas não estava gostando muito, e descobriu que a MGM abriria um novo hotel em Vegas. Elizabeth ficou muito animada com a ideia de atuar nos bastidores na área de entretenimento. Seria como "voltar para casa", dado que ela já havia trabalhado na MGM e amava seus filmes quando era criança. Após cinco horas de inscrições e entrevistas (sempre sabendo que seria a funcionária perfeita), ela não recebeu nenhuma resposta. Elizabeth ficou muito desapontada. Por que não havia conseguido um emprego lá? Outras pessoas que ela conhecia tinham conseguido. Com certeza não parecia justo.

Apesar da decepção, Elizabeth continuou a fazer suas afirmações. Enquanto fazia caminhadas vigorosas pela manhã, ela dizia afirmações no ritmo de seus passos: "Trabalho em um emprego que amo. Meu emprego perfeito vem até mim. Ganho um bom salário. Estou em paz com o fluxo da vida".

Dentro de pouco tempo, "do nada", ela recebeu uma ligação de Leslie, uma ex-dançarina que trabalhava no parque temático da MGM. Elas não conversavam havia anos. Será que Elizabeth gostaria de trabalhar com ela, supervisionando os artistas no parque temático? Claro! Ela perguntou a Leslie se ela tinha decidido ligar por ter visto seu currículo e sua inscrição. Não, a ideia apenas surgiu para Leslie de que ela gostaria de trabalhar com Elizabeth.

Essa posição de meio período era o emprego perfeito. Em um ano, ela foi promovida para criar um plano de entretenimento para convenções no parque temático. Elizabeth trabalhou lá por vários anos, recebendo cada vez mais responsabilidades, porque fazia um trabalho excelente. Após um tempo, chegou a hora de seguir em frente. Ela estava sendo chamada para um tipo diferente de trabalho que lhe permitiria expressar seus valores espirituais e uma mensagem de crescimento pessoal e desenvolvimento. Elizabeth agora trabalha com indivíduos e ministra workshops transformacionais usando os princípios deste livro.

Se você é uma pessoa matutina, aprecia inspiração, gosta de ouvir um bom palestrante, gosta de fazer parte de uma comunidade solidária de pessoas dedicadas à transformação pessoal e planetária, e adora abraços, certamente adoraria o Inside Edge. É uma reunião matinal das 6h30 às 8h30, todas as quartas-feiras, em Orange County, Califórnia. Iniciado por Diana von Welanetz Wentworth e seu falecido marido Paul em 1986, esse grupo tem sido uma fonte contínua de inspiração para mim. (E agora você pode experimentar sem voar para a Califórnia — confira a transmissão ao vivo pela internet em www.insideedge.org.)

Certa manhã, a sala estava cheia de risos. A palestrante era Barbara Sher, autora de *Wishcraft* (Magia dos desejos, em tradução livre). Barbara tem o dom de encontrar humor nas situações mais simples. Naquela manhã, o tema dela era a realização de nossos sonhos. No meio de sua palestra, pediu que formassem duplas e contasse a essa pessoa seu sonho. Na minha cabeça, eu planejava dizer: "Sou uma líder de workshops conhecida nacionalmente". Em vez disso, o que saiu da minha boca foi: "Sou uma líder de workshops conhecida internacionalmente!". Fiquei atordoada – de onde veio essa afirmação? Mal sabia naquela época que, dali a poucos anos, estaria viajando e liderando workshops fora do país. Olhando para trás, é incrível como a Cozinha Cósmica organizou tudo.

Em 1986, conheci Louise Hay nesse mesmo grupo de café da manhã, me inscrevi em sua lista de correspondência e, mais tarde, participei de dois intensivões de uma semana que ela conduziu. Depois disso, ela me pediu para ser líder de pequenos grupos em intensivões subsequentes, além de fazer uma apresentação. Então, no final de 1988, ocupada demais para dar conta de todos pessoalmente, ela pediu a quatro de nós que havíamos ensinado em seus intensivos para começar a liderar seu workshop de fim de semana, *Ame a si mesmo, cure sua vida*. Nos anos seguintes, conduzi o workshop nos Estados Unidos e no Canadá, então minha afirmação de ser uma "líder internacional de workshops" tinha sido cumprida. Mal sabia eu naquela época que muito mais estava por vir. Uma britânica de Birmingham chamada Norma Jarvis começou a afirmar para colocar Birmingham no mapa metafisicamente. O Coordenador Cósmico entrou em ação para nos unir.

Norma escreveu à Hay House pedindo para Louise Hay ir a Birmingham, mas, em vez disso, foi direcionada para mim. Quando Norma entrou em contato comigo, fiquei encantada. Eu havia passado o verão de 1967 na Inglaterra e adorado. Parecia minha "segunda casa", então eu estava animada em voltar. Os workshops de fim de semana na Inglaterra foram maravilhosamente bem-sucedidos e me levaram a conduzi-los também na Espanha, na Itália, na Polônia e na Grécia (todos com intérpretes – *isso, sim*, é uma experiência única). Após alguns anos, os alunos na Inglaterra me pediram para criar um programa de treinamento para permitir que eles compartilhassem esse trabalho transformador. Os workshops de treinamento foram ministrados na Inglaterra, em San Diego e na Austrália, treinando centenas de líderes de workshops. Eu nunca poderia ter imaginado todos os eventos que levaram ao cumprimento do meu pedido de ser uma líder de workshops conhecida internacionalmente. No entanto, minha maior satisfação foi receber cartões, ligações e e-mails daqueles que eu havia treinado, compartilhando como o trabalho fora transformador para *seus* alunos. Milagres de cura ocorriam sempre que um workshop era realizado. O desejo que eu guardava no coração desde a infância, de ser parte da cura do planeta, havia se tornado realidade, sem que eu soubesse como.

Quais são SEUS sonhos e desejos para sua carreira? Quais são suas habilidades e capacidades únicas? Se você já sabe especificamente o que quer fazer como carreira, crie algumas afirmações poderosas para isso. Se não tiver certeza, afirme que tem clareza sobre o caminho da sua carreira.

Na próxima página estão algumas afirmações sobre merecer e criar sua subsistência ideal. Depois disso, há uma página em branco para suas afirmações específicas. Vá em frente. Seja ousado! A Cozinha Cósmica aguarda com todos os ingredientes para atender ao seu pedido.

AFIRMAÇÕES PARA A CARREIRA

Estou usando minhas habilidades e capacidades únicas para trabalhar na minha carreira perfeita.

Agora tenho clareza sobre o caminho da minha carreira.

Tenho confiança de que recebo um pagamento maravilhoso realizando um trabalho e prestando um serviço que são importantes para mim.

O Chef Cósmico providencia para que eu conheça aqueles que vão me ajudar na minha carreira.

É emocionante ganhar a vida usando meus talentos especiais.

É encantador trabalhar com pessoas criativas, amorosas e solidárias.

MEUS PEDIDOS DE CARREIRA...

Capítulo 7

Pedidos de saúde

Quando você era pequeno, como seus pais falavam sobre saúde e doença? Você se lembra de ouvir coisas como "Eu sempre pego um resfriado depois do Natal" ou "Quando a gripe está por aí, eu sempre pego?". Quais doenças diziam que "eram de família"? A maioria de nós foi criada acreditando que não tínhamos responsabilidade pela saúde e pelo bem-estar de nossos corpos. Era como se alguma "mente externa" estivesse no controle do que acontecia neles. Essas ideias estão pouco a pouco mudando, à medida que mais e mais pessoas (incluindo médicos) percebem que a mente e o corpo são um sistema, não entidades separadas sem comunicação.

No final de 2000, Rick (meu parceiro de vida) e eu começamos uma série de telecursos realizados por telefone usando uma linha de conferência. O uso do telefone nos permitiu alcançar pessoas em todo os EUA e outros países com cursos metafísicos. Durante a nossa série de cursos *Vida abundante*, uma das sessões abordou a conexão corpo/mente. Enquanto falávamos sobre afirmações, uma mulher mencionou que estava "sempre cansada". Não havia doença física da qual ela tivesse conhecimento, mas se sentia cansada com frequência e dizia a si mesma: "Estou cansada". Eu lhe dei uma das minhas afirmações favoritas: "Eu durmo em paz e acordo em alegria"; e Rick sugeriu que ela também dissesse a si mesma "Eu me sinto ótima de manhã" ao adormecer e "Eu me sinto ótima" ao acordar. Na semana seguinte, começamos nosso curso por telefone como de costume. Lida mal conseguia se conter. "Eu me sinto ótima!", ela exclamou. Ela estava empolgada por ter experimentado uma melhora tão rápida. (Observação: não estou sugerindo que você ignore sentimentos de fadiga ou doença em seu corpo. Ouvir intuitivamente seu corpo e prestar atenção aos seus sinais é muito importante. No entanto, nesse caso, Lida havia reforçado o pensamento de que estava "cansada" por tanto tempo, que isso continuava se manifestando. Mudar o pensamento alterou drasticamente sua experiência em um período muito curto.)

Nos próximos dias, observe como você pensa e fala sobre seu corpo e sua energia física. Quais pensamentos estão sendo úteis e quais não? No final deste capítulo, anote os pedidos sobre seu corpo que você deseja fazer à Cozinha Cósmica.

Nossos corpos não apenas ouvem e respondem às nossas palavras e sentimentos, mas também armazenam sentimentos não resolvidos. Cynthia, uma mulher encantadora da Inglaterra, descobriu que, ao mudar suas palavras e lidar com sua raiva antiga, seria capaz de curar uma infecção na bexiga que a afligia havia vários anos e não tinha reagido a repetidos tratamentos com antibióticos. Após participar de um dos meus cursos, Cynthia começou a perceber que usava a frase "Estou irritada" com frequência. Ela eliminou essa expressão de seu vocabulário e começou a usar tratamentos alternativos e lidar com seu eu emocional. Ela conseguiu se lembrar da ansiedade, do medo e da raiva de suas experiências de infância, liberar esses sentimentos e, em seguida, perdoá-los. As infecções na bexiga se curaram por completo. Seu pedido à Cozinha Cósmica foi atendido, mas também levou um tempinho, porque ela teve que lidar com as emoções armazenadas em seu corpo. Quando você está lidando com uma condição crônica ou uma doença potencialmente fatal, é uma boa ideia trabalhar com um terapeuta qualificado que possa guiá-lo no processo de liberação.

Uma afirmação maravilhosa para usar quando você está passando por um processo de cura é: "Todos os recursos de que preciso para a minha cura, seja um profissional de saúde, um tratamento alternativo, um livro, um áudio ou qualquer outra coisa, vêm até mim com rapidez e facilidade". Confie que você será guiado para o recurso perfeito no momento perfeito.

Durante toda a minha vida, sempre fui animada e envolvida em muitas atividades e projetos. No entanto, depois de trabalhar como estagiária de Psicologia por alguns anos, comecei a perceber que parecia precisar de uma meditação extra à tarde para me sentir alerta o suficiente para atender meus clientes à noite. Minhas horas de sono aumentaram, e eu não tinha interesse em sair nos finais de semana. Apesar de fazer afirmações voltadas para energia vibrante, isso não parecia estar acontecendo. Quando finalmente fui ao meu acupunturista, ele me deu um diagnóstico de Síndrome da Fadiga Crônica.

Comecei no mesmo instante a ler sobre a SFC. Fiz mudanças na minha dieta, eliminando açúcar e alimentos processados (eu já havia cortado cafeína e álcool). Suplementos naturais fortaleceram meu sistema imunológico, assim como sessões regulares de acupuntura, e eu fazia regularmente tratamentos de Reiki (uma técnica de cura com as mãos). Mas o mais importante foi descobrir como era vital focar minha energia em projetos significativos, em vez de dispersá-la em muitas direções. Certa vez, um sensitivo me disse: "Patrícia, você tem duas velocidades: quatrocentos quilômetros por hora ou zero". Era o momento de aprender a ir a uma velocidade razoável. Conforme minha cura progredia e meu nível de energia habitual retornava, notei que, se voltasse ao meu antigo padrão de "muitos projetos", a fadiga retornaria. Além disso, percebi que nem sempre poderia só ficar em casa meditando para alcançar a cura; eu também precisaria da ajuda de alguns profissionais. Foi um processo de aprendizado incrível.

Um livro maravilhoso para obter ideias sobre os padrões mentais/emocionais que fazem parte das doenças é o *Cure seu corpo*, de Louise Hay. Ele dá um ponto de partida para a cura, identificando alguns padrões comuns e oferecendo afirmações úteis para mudá-los. Para mim e meus clientes, esse livro foi cerca de 85% preciso na identificação das causas prováveis de um sintoma ou uma doença específica. Além das afirmações, no entanto, podem ser necessários para a cura tratamentos com médicos ou outros profissionais, ou ainda um trabalho emocional profundo. O caminho de cura para cada pessoa é diferente, então você deve prestar atenção à orientação interior para encontrar o seu.

Está tudo bem ser ousado em suas afirmações para saúde e cura. Diga ao Universo: "Eu reivindico uma cura AGORA". Visualize-se saudável e bem. Mantenha o sentimento de bem-estar em sua consciência o mais forte possível. Na meditação, pergunte: "O que eu preciso saber para a minha cura completa?". No final deste livro, há uma lista dos meus livros favoritos para promover a cura em todos os níveis. Deixe sua intuição guiá-lo na escolha de um ou mais para ler.

Durante uma primavera na Califórnia, desenvolvi uma alergia grave, com muitos espirros e congestão. Aplicar Reiki em mim mesma, além de usar afirmações e meditação, não pareceu ajudar. As "causas prováveis" no livro de Louise não se encaixavam. Enfim, durante uma meditação intuitiva especial, recebi a mensagem de ir a um médico tradicional para diagnóstico e tratamento. O quê? Eu tinha plano de saúde, mas não ia a um médico tradicional havia anos. Depois de vários dias de sofrimento contínuo com a alergia e me perguntando por que eu não conseguia simplesmente curá-la sozinha, recebi uma mensagem na meditação para ir a determinada clínica de pronto-atendimento perto de minha casa, com a informação de que haveria um jovem médico aberto ao trabalho alternativo que seria muito útil.

No dia seguinte, na clínica, vi um jovem médico. Ele foi compreensivo com o trabalho alternativo, mas também me passou uma receita que resolveu a alergia em apenas alguns dias. Com essa experiência, percebi o quanto é importante reconhecer que o Espírito nos deu uma VARIEDADE de recursos para a cura: profissionais tradicionais e alternativos, alimentos saudáveis e vitaminas, assim como nossas próprias mentes e nossos estados emocionais.

A verdadeira cura é um processo de mente, corpo e espírito. Os três elementos precisam ser tratados. Se você é uma pessoa que tende a ir a um médico tradicional ou alternativo com frequência, mas não está assumindo a responsabilidade por si mesma ao comer bem, meditar e explorar possíveis conexões emocionais com a sua doença, é importante lidar com esses aspectos também. Se, assim como eu, você tem a tendência de querer "fazer tudo sozinho", pode ser importante aprender a pedir e receber ajuda no processo de cura. No entanto, "recuperação" e "cura" não são a mesma coisa. Em nossa sociedade, gostaríamos de ver todos curados de uma doença. A morte ainda parece ser um fracasso, mesmo que, logicamente, saibamos que todos neste planeta morrerão em algum momento.

Meu amigo Jim era uma pessoa gentil, com um sorriso tímido e olhos muito expressivos. Ele frequentava de vez em quando o grupo de apoio a pessoas com HIV que eu liderava, mas me disse que não queria participar o tempo todo, pois achava que isso poderia resultar em um foco maior do que ele desejava em sua doença. Depois de não ver Jim por alguns meses, recebi uma ligação de um amigo dele me dizendo que Jim estava no hospital e parecia próximo da morte. Ele estava com uma febre muito alta e delirante. Seu pai estava lá com ele.

Mas Jim não morreu naquela noite. Em vez disso, sua febre passou, e ele ficou cada vez melhor. Seu médico nem conseguia entender como ele havia passado por esse momento crítico e estava se saindo tão bem. Quando conversei com Jim sobre sua experiência, ele se lembrou de que, durante o delírio da febre, pensou consigo mesmo: "Eu não tenho nem trinta anos ainda – não estou pronto para morrer!". Em questão de momentos, a febre parou, e sua cura começou.

Jim teve uma festa incrível em seu aniversário de trinta anos, com muitos amigos, balões e ótima comida. Cerca de um ano depois, ele começou a lidar com alguns padrões antigos ligados a relacionamentos, e sua saúde declinou novamente. De volta ao hospital, ele precisava de um tanque de oxigênio para ajudá-lo a respirar. Vários amigos estavam presentes quando ele de repente tirou a máscara de oxigênio. Enquanto tentavam persuadi-lo a colocá-la de volta, Jim sorriu e disse: "Não, tem uns homens em um barco que estão aqui para me levar para o outro lado do rio. Chegou a minha hora de ir". Ele fez sua transição pacificamente, cercado por pessoas que se importavam com ele. Em um ponto de sua vida, Jim escolheu viver. Em outro momento, era hora de partir.

A morte não é um fracasso: é uma parte da vida, assim como nascer. Nosso Espírito é eterno. Não importa quantas vitaminas e ervas você tome, com que frequência se exercite ou qual seja sua dieta, você fará sua transição em algum momento. Enquanto isso, faça seus pedidos de saúde: mental, física, emocional e espiritual. Preste atenção às mensagens que seu corpo lhe dá. Aprenda a amar e apreciar o receptáculo que abriga sua alma enquanto você está neste planeta.

Judy é uma mulher vibrante, entusiasmada e muito jovem aos sessenta anos. Se você a conhecesse, nunca imaginaria que, aos 46, ela recebeu um diagnóstico terminal de esclerose lateral amiotrófica (ELA). Tanto a avó materna quanto a mãe de Judy haviam morrido disso, então, quando começou a ter sintomas iniciais, como fraqueza no lado esquerdo e vertigens, Judy pensou: "Eu sabia, eu sabia". Seu médico basicamente disse a ela para aproveitar a vida da melhor maneira possível pelos anos seguintes, já que não havia tratamento. Ainda assim, em algum lugar lá no fundo, Judy sabia que queria viver. Alguns vislumbres de esperança apareceram — um neurologista solidário e um artigo sobre um esquiador que se manteve ativo, apesar do diagnóstico de esclerose múltipla.

Judy foi ao médico e implorou por um encaminhamento à fisioterapia. Ela iniciou uma rotina de três vezes por semana, que durou dois anos. Durante o processo, seu fisioterapeuta lhe transmitia mensagens positivas sobre se recuperar, além de visualizações simples, como: "Veja os músculos se fortalecendo". Judy comprou um livro de anatomia para estudar e começou a visualizar o trajeto de um pensamento como "Mexer a perna" do cérebro à perna. Sua atitude mental começou a mudar. Ela estudou nutrição e suplementos e montou um programa para si mesma. Conforme as peças de sua cura se encaixavam e ela começava a melhorar, seu médico comentou que talvez ela tivesse recebido um diagnóstico errôneo. No entanto, ainda havia uma revelação importante à espera.

Um belo dia, Judy e seu marido, Tom, foram ao barco deles em Oxnard e descobriram uma livraria metafísica em uma marina próxima. Havia à venda um livrinho azul e uma fita de alguém de quem Judy nunca tinha ouvido falar: Louise Hay. Ao folhear o livro, ela soube imediatamente: "Se podemos fazer, podemos desfazer". Na manhã seguinte, ela ligou para a editora de Louise e foi encaminhada para um grupo de apoio para mulheres. Embora tenha ficado desapontada em um primeiro momento por Louise não estar liderando o grupo, a mulher forte e bonita que o fazia, chamada Linda, era a pessoa perfeita para confrontar Judy e perguntar a ela: "O que você acha que isso significa para você?". Inicialmente na defensiva, Judy seguiu a sugestão de Linda de procurar alguém que pudesse guiá-la por uma técnica de respiração intensa chamada "rebirthing", ou renascimento, para chegar às questões centrais.

As emoções que ela acessou durante a sessão de renascimento explodiram como um vulcão. Os soluços, a raiva e a autorrecriminação surgiram enquanto ela relembrava a experiência mais traumática de sua vida. Em 1974, Judy havia se submetido a um aborto. Embora ela e seu futuro marido sentissem que não havia alternativa na época, Judy entendia que havia tirado uma vida e tinha muita vergonha de sua decisão, além de medo de que as pessoas descobrissem. Uma vez casada, Judy pensou que ter um filho a liberaria de sua culpa pelo aborto, mas seu marido não achava isso. Quando ela percebeu que não teria um filho, os sentimentos de raiva, tristeza e arrependimento foram empurrados profundamente para dentro dela, com um juramento de nunca mais falar sobre eles. A liberação de cura durante o renascimento começou a jornada de perdão de que ela e seu marido precisavam. O relacionamento e a saúde de Judy começaram a se curar e estão mais fortes do que nunca.

Ainda com medo de que outros soubessem o que ela tinha feito, Judy foi corajosa e compartilhou sua história no grupo de apoio para mulheres, ficando impressionada com o conforto e apoio que recebeu. Ela contou a seus dois filhos de um casamento anterior sobre o aborto, e eles também foram solidários. Não precisando mais usar energia para suprimir o passado, Judy agora podia permitir que a cura total ocorresse.

Judy passou a começar todas as manhãs afirmando: "Obrigada, Deus, por este lindo dia e a cada célula do meu corpo fazendo seu trabalho perfeitamente". Ela imaginava a perfeição interior e sabia que estava sendo guiada a fazer o que fosse necessário. Ela começou a visualizar a si mesma em sua cozinha com um avental vermelho, com seus dois netos (ainda não nascidos ou sequer concebidos) pedindo outro biscoito de chocolate. Ela também se visualizava correndo uma maratona (alguns de vocês, como eu, estão pensando: "Por quê?"), algo para o qual ela estava treinando antes de receber o diagnóstico de ELA.

Em março de 1989, aos 48 anos, usando o número 48, Judy completou a maratona de Los Angeles em 5 horas e 43 minutos. Enquanto corria, ela sabia não apenas que terminaria a corrida, mas também que viveria. Durante parte do trajeto, Judy sentiu como se estivesse voando, agradecendo a Deus por estar lá. Correndo para o estádio no final do evento e vendo a Chama Olímpica, ela sabia que aquele dia era o verdadeiro início de sua missão na Terra.

Antes da corrida, o comitê do evento enviara jornalistas para entrevistar essa mulher notável que havia sido diagnosticada com ELA e estava correndo uma maratona. Após a publicação dos artigos, ela começou a receber ligações de pessoas com doenças desafiadoras. Foi visitar cada uma delas, compartilhando sua história. Ela dizia: "Qual é o propósito desse chamado para você? Descubra e o libere. Mova-se em direção à solução".

Judy continuou participando de workshops e aulas e agora é uma ministra ordenada na City of Angels Church of Religious Science (Igreja de Ciência Religiosa da Cidade dos Anjos) em Los Angeles. Ela é uma presença radiante, um testemunho não apenas do poder das afirmações e visualizações, mas também do potencial de cura em todos nós quando temos a coragem de enfrentar os medos e segredos mais profundos dentro de nós, perdoar e sair do passado em direção a um futuro radiante.

Quais ideias limitantes sobre sua saúde e energia você deseja liberar? Que novas crenças você deseja adotar? Na próxima página, leia as afirmações de saúde e as *sinta* de verdade. Na página seguinte, escreva seus próprios pedidos para saúde.

AFIRMAÇÕES PARA A SAÚDE

Cada célula do meu corpo está viva com saúde e energia.

Meu corpo é forte e saudável.

Cada sistema do meu corpo funciona exatamente como deveria.

Eu escolho facilmente nutrir meu corpo com alimentos saudáveis.

Eu me movimento e exercito meu corpo de maneiras que me fazem bem.

Meu sistema imunológico é forte e saudável.

Medito todos os dias para dar ao meu corpo um descanso profundo e aprimorar meu sistema imunológico.

Respiro fundo, levando energia a todas as minhas células.

Meu corpo é flexível.

Meu corpo tem uma capacidade notável de cura.

Todos os recursos de que preciso para minha cura vêm até mim.

Sou muito grato pela maneira maravilhosa como trilhões de células em meu corpo trabalham juntas!

MEUS PEDIDOS DE SAÚDE...

Capítulo 8

Pedidos de relacionamento

Michele é uma mulher morena, alta e esbelta, com um sorriso lindo, muita energia e um sotaque francês encantador. Ela é uma publicitária canadense talentosa e bem-sucedida. Sua história sobre a criação de um relacionamento ilustra o poder de desapegar e buscar o amor dentro de si, em vez de fora. Michele participou do meu workshop de treinamento em San Diego em 1999. Em um dos exercícios de conscientização, os participantes são conduzidos a uma meditação e devem identificar um desafio ou uma preocupação em suas vidas que requer uma resposta. Após a meditação, as instruções são sair em silêncio e deixar a natureza lhes dar a resposta. Depois desse exercício, as pessoas frequentemente relatam revelações cruciais sobre a solução real para seus problemas. (Você também pode tentar isso.) Depois de sair da sala do workshop, Michele caminhou pela rua até uma pequena praia em uma enseada do porto de San Diego.

Depois de alguns relacionamentos difíceis, ela estava fazendo afirmações referentes a um relacionamento saudável, feliz e íntimo, mas nada vinha acontecendo. Ela se perguntou: "Qual é a história dos relacionamentos na minha vida?", "Qual é a lição?", "Qual é o desafio?".

De repente, um belo veleiro implorou por sua atenção, a vela branca contra o céu azul perfeito, pássaros voando alto em torno de seu mastro. Parecia tão gracioso e livre, navegando sem esforço pelo canal, fazendo curvas de um lado para o outro com o vento. E então a resposta lhe ocorreu, e ela escreveu em seu diário:

> Libere os homens. Deixe-os ir. Deixe de lado a necessidade. Como um pássaro, você é Michele, livre. E os homens também são livres. Deixe todos os homens em sua vida serem livres. Deixe que se expressem como eles são. Libere todos. E no processo, liberte-se. Permita-se ser "livre de necessidades".
>
> Você está bem, Michele, porque assim como o veleiro deve oscilar para lá e para cá para chegar ao mar aberto, você tem ido e vindo para alcançar o mar aberto do amor: o seu. Ame a si mesma, maravilhoso eu. O parceiro perfeito está lá no mar aberto.

Michele percebeu que precisava parar de correr atrás do amor e aprender a se amar primeiro. Ela poderia deixar de lado as expectativas e confiar que o seu parceiro perfeito apareceria no momento certo. Sete meses depois, Michele conheceu Ron, de quem agora está noiva. E, veja só, você está pronto para isso? Ron é dono de um lindo veleiro de 33 pés chamado Liberdade!

Não seria fantástico se todos nós pudéssemos simplesmente navegar rumo ao pôr do sol como nos filmes e viver felizes para sempre? Bem, se você já esteve em um relacionamento íntimo (você está neste planeta?), sabe que, mesmo quando o amor perdura, existem desafios. Como um dos meus mentores gostava de dizer: "Relacionamentos são um caldeirão do molho mais picante da cidade!".

Embora um relacionamento íntimo com um parceiro possa ser nosso tipo de relação mais significativa, temos toda uma gama de relacionamentos com os quais trabalhar: com nós mesmos, parceiros, família, amigos, colegas de trabalho e milhares de pessoas que encontramos casualmente. Portanto, neste capítulo, vamos falar sobre uma variedade de relacionamentos, não apenas os íntimos e próximos.

Em primeiro lugar, existe o relacionamento consigo mesmo. Quando você olha em seus próprios olhos no espelho, consegue dizer "Eu me amo e me aprovo" e acreditar nisso de verdade? Existe alguma coisa para perdoar em si mesmo? Você é um ser magnífico com seu próprio lugar especial no quebra-cabeça da vida. Quanto mais você estiver disposto a se amar e se aprovar, mais plenamente sua energia poderá vibrar no fluxo do Universo.

Acredito que a cura do indivíduo é a base da cura do nosso planeta. O planeta precisa que VOCÊ se ame. Você está disposto a parar de se minimizar? Amar e aceitar a si mesmo exatamente como você é também é a chave para ótimos relacionamentos com os outros. Sei que todos já ouviram isso antes, mas sempre podemos aprender a nos amar de modo mais profundo e pleno.

Quando você acredita que precisa ser amado por outra pessoa para ficar bem, sempre vai se decepcionar, porque esperará que outra pessoa atenda a todas as suas necessidades. A maioria das pessoas não foram ensinadas a se amarem e terem uma autoestima elevada na infância, então elas precisam trabalhar nisso na idade adulta.

Você deve estar disposto a amar e aceitar TODAS as suas muitas partes, não apenas aquelas de que gosta. Todos nós temos partes de nós que julgamos ou de que não gostamos, como um vício ou algum traço de personalidade. Mas rejeitar essas partes apenas nega nossa própria totalidade. A história de Kathy ilustra como a aceitação de um vício pode levar a uma transformação radical.

Kathy era uma atraente mulher loira com olhos azuis, sorriso tímido... e um segredo. Ela era bulímica, e de três a quatro vezes por dia comia demais e vomitava em seguida. Quando ela me procurou para terapia, já fazia isso há anos, exceto por um período em que frequentou Comedores Compulsivos Anônimos. O apoio de grupo tinha sido útil, mas ela precisava de algo mais. Kathy tinha um namorado e queria se casar e ter um bebê, mas primeiro queria "se livrar desse comportamento horrível". A primeira vez que lhe entreguei um espelho e pedi que dissesse: "Eu te amo e te aprovo exatamente como você é", ela desatou a chorar. Como ela poderia se amar quando tinha esse comportamento incontrolável?

Com delicadeza, expliquei a Kathy que quanto mais ela resistia ao comportamento e rejeitava essa parte de si mesma, mais fortemente ela o retinha. O livro *Um curso em milagres* nos diz que a culpa, na verdade, mantém um comportamento e o perpetua. Deixar de lado a culpa permite que ela se transforme. Eu disse a Kathy que o foco do nosso trabalho juntas seria ela aprender a se amar e se aprovar. Na primeira sessão, ela me olhou com ceticismo, mas marcou um retorno mesmo assim.

Nos meses seguintes, Kathy começou o processo de se perdoar, se amar e aprender sobre afirmações e a Cozinha Cósmica. Ela tinha dificuldades com sua imagem corporal, porque estava acima do peso apesar dos vômitos. Quando eu lhe disse que ela precisava se amar, mesmo quando estava vomitando no vaso sanitário, ela balançou a cabeça em descrença. Ainda assim, olhar no espelho e dizer "Eu te amo" foi ficando mais fácil. Ela começou a se sentir mais confortável em seu corpo e a ter mais confiança em si mesma.

Um dia, Kathy literalmente entrou saltitando em meu escritório, com olhos brilhantes e um ar de grande entusiasmo. Será que seu namorado a pedira em casamento? Não. Algo mais importante havia acontecido. Enquanto estava vomitando alguns dias antes, ela finalmente disse: "Eu te amo, e está tudo bem". E ela não vomitava desde então! A jornada da cabeça ao coração havia acontecido. Aquele momento de revelação mudou a vida de Kathy para sempre. Ela continuou a abstinência e, dentro de um ano, ela e seu namorado se casaram. Pouco tempo depois, ela engravidou e teve um filho saudável. Amar a si mesma não só a capacitou a abandonar um comportamento que ela não queria, como também lhe deu um novo senso de si mesma para um relacionamento eficaz com um parceiro e um filho.

Qual parte sua você precisa amar? Seja gentil consigo mesmo. Libere a culpa e esteja disposto a amar TUDO seu. Leia as afirmações no final deste capítulo e esteja disposto a acreditar nelas sozinho.

Do ponto de vista espiritual, a maneira como encontramos pessoas e interagimos com elas não é um processo aleatório, mas sim para algum propósito de aprendizado. Alguns relacionamentos são breves, e outros duram a vida toda. Já do ponto de vista psicológico, as crenças e os padrões sobre relacionamentos são formados ainda na tenra idade, entre três e cinco anos; então, para ter relacionamentos eficazes mais tarde na vida, você precisa entender as crenças inconscientes formadas ainda cedo. Ao combinar essas duas perspectivas, há uma oportunidade significativa para transformar os padrões.

O que observei é que os relacionamentos REPETEM os padrões da infância. Isso fornece uma oportunidade para a cura, pois uma parte interna de nós está sempre procurando curar as feridas da infância. Seus sentimentos são um guia em sua jornada para a completude, e você certamente pode usá-los na área de relacionamentos. Muitas vezes, as questões têm a ver com medo de abandono, falta de confiança e como ser próximo de alguém *versus* ter espaço para si mesmo. Já que esses sentimentos estão guardados no seu inconsciente (lembra-se do iceberg?), geralmente é necessária uma compreensão de seus próprios problemas, junto a afirmações, para criar o tipo de relacionamento que você deseja.

A coisa mais comum que as pessoas fazem para repetir os problemas da infância é se casar com alguém semelhante à mãe ou ao pai. Você fez isso? Como os padrões são inconscientes, as pessoas não os reconhecem no começo, senão nunca ficariam juntas. Poucas mulheres decidiriam procurar alguém exatamente como o pai. No início, há uma grande onda de amor romântico e a sensação de que você encontrou sua alma gêmea e viverá feliz para sempre! Nossa sociedade fez um ótimo trabalho em nos mostrar relacionamentos irreais nos filmes e livros, então é um choque quando os problemas começam a aparecer.

Mesmo que você tenha um bom relacionamento com a Mamãe e o Papai hoje, se a Criança Interior ainda carrega raiva, culpa ou medo da infância, é importante lidar com esses sentimentos. Em relacionamentos inconscientes, as pessoas começam a culpar a outra pessoa e a responsabilizá-la quando velhas feridas ressurgem. Se você puder aprender a explorar seus PRÓPRIOS sentimentos e chegar ao cerne da questão, o problema com seu parceiro muitas vezes pode ser resolvido. Se você está pedindo à Cozinha Cósmica um ótimo relacionamento íntimo, mas seu modelo enquanto crescia foi a distância emocional, o resultado pode ser atrair alguém com quem você se sente próximo em um primeiro momento, mas de quem logo se sente distante. Hardville Hendrix escreveu um excelente livro chamado *Getting the Love You Want* (Conseguindo o amor que você quer, em tradução livre), que pode ajudar a entender esses padrões. Comece a afirmar que você entende as crenças limitantes que afetam seus relacionamentos e, tomando consciência delas, use afirmações específicas para começar a mudá-las.

Uma mulher em um de meus grupos começou a fazer afirmações sobre um relacionamento mais harmonioso com seu namorado. Em poucas semanas, ele terminou o relacionamento, o que decerto não era o resultado que ela esperava. No entanto, menos de três meses depois, ela conheceu outro homem com quem era muito mais compatível. O "relacionamento harmonioso" foi criado, mas não da maneira que ela esperava. Lembre-se de que você não pode controlar outras pessoas com afirmações, porque elas têm seu próprio conjunto de crenças e sentimentos. Mas a Cozinha Cósmica receberá seu pedido e o atenderá do modo que mais se aproxima da sua solicitação.

O Universo não usa apenas relacionamentos íntimos para cura. Você já teve um chefe ou amigo que lhe lembrava alguém com quem você cresceu? Quando uma das minhas clientes percebeu que os problemas com seu chefe eram parecidos com os que ela tinha com sua irmã quando eram crianças, sua perspectiva sobre o "problema" mudou por completo. Ela começou a fazer afirmações sobre uma relação harmoniosa com seu chefe e descobriu que podia lidar com a situação de forma muito diferente.

Uma boa comunicação é outra chave para melhorar nossos relacionamentos, pois não podemos esperar que os outros leiam nossas mentes. Isso seria muito conveniente, mas não acontece. E a maioria de nós não foi ensinada a falar por si mesma de forma positiva, então há todo um processo de aprendizado para aprender a se comunicar. Você pode começar afirmando que tem habilidades de comunicação mais eficazes e que é guiado nas interações verbais com seu parceiro e outras pessoas. Mesmo quando você não sabe o que dizer, pode dizer à outra pessoa como seu corpo se sente. Por exemplo: "Não sei bem o que quero dizer agora, mas posso te dizer que meu estômago está embrulhado".

E há o perdão, um processo poderoso para mudar relacionamentos. Chuck é um homem gay atraente que participou de alguns dos meus grupos. Seu irmão havia rompido o relacionamento com ele por Chuck ser gay. No grupo, uma noite, estávamos trabalhando com perdão, e Chuck decidiu: "Ok, mais uma vez, vou perdoar meu irmão, não para mudá-lo, mas para ME libertar". Ele apenas fez seu próprio trabalho ligado ao perdão, não tentou contatar o irmão. Algumas semanas depois, Chuck veio ao grupo e, com lágrimas nos olhos, leu a carta de reconciliação de seu irmão. A energia de seu perdão havia ido para a Cozinha Cósmica e trouxe de volta o presente do amor.

O poeta William Blake escreveu o seguinte poema curto para sua esposa: "Ao longo da eternidade, eu te perdoo e você me perdoa". O perdão é um processo contínuo, especialmente com aqueles mais próximos de nós.

Às vezes, os clientes perguntam: "Como saber quando permanecer em um relacionamento e quando partir?". Se o relacionamento for abusivo física ou emocionalmente, a resposta é óbvia: vá embora. Se você se ama, não permanece em uma situação abusiva. Se a outra pessoa estiver disposta a ir à terapia, uma separação enquanto ambos estiverem em terapia pode levar a algumas descobertas. Mas, na maioria dos casos, não há resposta fácil para essa pergunta. Afirme que você está sendo guiado na decisão certa para você. Em um de meus workshops, uma mulher que estava pensando em deixar o marido me mostrou uma afirmação sobre encontrar sua alma gêmea. Mas aquilo não parecia certo, e sugeri que ela usasse: "Tenho clareza sobre meu relacionamento atual". Essa parecia certa para ela, porque ela precisava resolver seus sentimentos relacionados ao parceiro daquele momento como um primeiro passo para decidir sobre o futuro.

Em meu próprio casamento, já houve sentimentos conflitantes sobre ficar ou partir. Meu marido era um homem maravilhoso e solidário, e eu o amava de verdade. Éramos melhores amigos, mas meu caminho espiritual parecia estar me empurrando para ir embora. Depois de meses de luta interna, a mensagem durante a meditação foi: "Apenas fique em paz. Na hora certa, você saberá o que fazer". E quando chegou a hora de nos separarmos, meu marido também sabia que era a coisa certa a fazer. Pudemos chorar juntos e apreciar o tempo que passamos juntos. Permanecemos amigos e até conhecemos os novos parceiros um do outro.

Alguns livros que você lê vão sugerir que você faça uma lista de tudo o que deseja em um parceiro. Por um tempo eu fiz isso, mas não parecia certo. Decidi que havia certas qualidades que eram mesmo importantes para mim e que eu deixaria o Espírito trazer quaisquer relacionamentos que fossem necessários para o meu desenvolvimento. As qualidades que eram (e são) primordiais para mim incluíam: dedicação e paixão pelo caminho espiritual; coração aberto e amoroso; boa comunicação; e bom senso de humor. Mas quando o Universo atendeu a esse pedido, eu não estava totalmente pronta para o que parecia faltar!

Pouco antes de uma das minhas viagens à Inglaterra para liderar um workshop, cerca de seis anos após meu divórcio, entrei na livraria da igreja para comprar broches de anjo para dar aos meus assistentes. Depois de uma conversa maravilhosa com o voluntário de lá, Rick Nichols, saí pensando: "Que cara legal". Mal sabia eu na época que o gerente da livraria havia falado de mim para Rick e sugerido que ele me convidasse para sair.

Dois dias depois, literalmente saindo pela porta da frente a caminho do aeroporto, com minha mala verde pesada na mão, o telefone tocou. Hesitando por um momento, decidi atender. Era Rick, pedindo que eu doasse alguns ingressos para o meu próximo workshop de mente/corpo na igreja como um dos prêmios para a Noite do Cassino que ele estava organizando. Eu tinha um voo para pegar, então fui um pouco abrupta e disse: "Claro, pode ser, por mim tudo bem", e parti para o aeroporto.

Cerca de seis semanas depois, chegou o dia do meu workshop de mente/corpo. Eu estava agendada para falar por alguns minutos em ambos os cultos para promovê-lo, então encontrei um assento na fileira da frente na igreja, de onde seria fácil subir na plataforma. Olhei para cima e lá estava Rick, no púlpito para fazer os anúncios. Naquele momento, eu SOUBE que ele era o cara – e imediatamente entrei em pânico. Conseguir o que você quer às vezes pode ser assustador!

A sala do workshop naquela tarde estava lotada, mas de alguma forma, depois de iniciar o vídeo de mente/corpo após o intervalo, o único lugar que sobrou foi ao lado de Rick. Conversamos um pouco depois do workshop, e ele sugeriu que eu fosse à livraria quando ele estivesse se voluntariando. Não querendo parecer muito óbvia, esperei até terça-feira. (O amor não é bobo às vezes?) Finalmente saímos para tomar um café, e foi aí que descobri que ele não tinha emprego nem dinheiro. Ele sobrevivia fazendo bicos e trocando, com a gerente da livraria e o marido dela, tempo de voluntariado no estabelecimento por um quarto. Saímos mais algumas vezes (para coisas grátis) e então decidi que era hora de ter uma conversa séria com Deus. "Deus, OK, você me enviou esse cara com minhas qualidades mais importantes, mas eu nunca esperei que ele não tivesse um emprego. Qual é o problema?" A resposta foi: "Isso não é um problema". "Escuta, Deus, talvez você não tenha me ouvido. Eu agradeci por aquelas qualidades importantes, mas ele não tem dinheiro!" E Deus respondeu bem claramente: "Desculpe, VOCÊ não me ouviu. ISSO NÃO É UM PROBLEMA".

Bem, isso com certeza ficou claro. Decidi confiar nos meus sentimentos e nas respostas de Deus, e deixar o relacionamento se desenvolver. Em pouco tempo, percebi que não era um problema. Rick havia trabalhado em cargos muito responsáveis por muitos anos e decidira tirar uma folga para seguir um caminho espiritual e se desenvolver com rapidez. Na verdade, ele teve coragem de percorrer o caminho menos percorrido. E com o passar do tempo, ele trouxe uma tremenda criatividade para o meu negócio, criando websites, um boletim informativo e lindos folhetos. Ele começou a liderar workshops comigo, trazendo sua própria sabedoria para eles, e depois criando sua própria carreira como palestrante. Nós nos tornamos parceiros maravilhosos, no amor, na vida e nos negócios.

Os relacionamentos conosco mesmos e com os outros são muito preciosos. Eles fornecem um caminho para um tremendo crescimento em nossa capacidade de amor e compaixão. O que você deseja afirmar nas relações em sua vida? Leia as afirmações da página seguinte e depois crie as suas próprias.

AFIRMAÇÕES PARA RELACIONAMENTOS

Eu me aprovo.

Eu amo e aceito TODAS *as partes de mim.*

Amar a mim mesmo cura minha vida.

Expresso meus sentimentos com franqueza e facilidade.

Eu me perdoo e perdoo os outros totalmente.

Estou disposto a aceitar amor. Eu mereço amor.

Estou ciente de padrões passados que não me servem mais e os libero com facilidade.

Ouço atentamente e abro meu coração
ao interagir com os outros.

O amor que eu ofereço retorna
para mim multiplicado.

Eu desfruto de associações maravilhosas
com pessoas positivas e edificantes.

Eu amo e aprecio os membros da minha família.

Meus relacionamentos são cheios
de alegria, diversão e amor.

MEUS PEDIDOS DE RELACIONAMENTO...

Eu recebo com alegria os pedidos de diversão e viagens da Cozinha Cósmica. É empolgante viajar para lugares novos e exóticos. Eu gosto de criar o meu Mapa do Tesouro e ver as manifestações aparecendo exatamente na hora certa.

Capítulo 9

Pedidos de viagem, de diversão e Mapas do Tesouro

Divirta-se com seus pedidos para a Cozinha Cósmica! Nas primeiras fases da prática, as pessoas frequentemente fazem afirmações para conseguir boas vagas de estacionamento. E tudo bem, mas esteja disposto a buscar muito mais. O que mais acrescentaria facilidade e diversão à sua vida? Vamos ver alguns exemplos de pedidos divertidos.

Minha organizadora no Reino Unido, Norma Jarvis, e uma de minhas assistentes, Jackie Turner, foram para a Irlanda para verificar locais para um curso lá. No caminho de volta, elas passaram uma noite em um hotel no aeroporto de Dublin. Norma nunca tinha pedido serviço de quarto antes, então ela ligou e pediu uma refeição. A pessoa do hotel disse que levaria meia hora, mas depois de trinta minutos e nada de refeição, Norma ligou de novo. “Ah, lamentamos não ter avisado, sua refeição estará aí em quinze minutos.” Enquanto Jackie e Norma conversavam, Norma de repente abriu os braços e disse: “Estou aberta e receptiva a todo o bem”. Nesse momento, bateram na porta. O garçom apareceu com sua refeição e disse: “Sem custo!”.

Alguns anos após meu divórcio, o Dia dos Namorados estava se aproximando, mas naquele ano específico eu não estava saindo com ninguém. Mesmo assim, pensei que seria muito bom receber flores no Dia dos Namorados. Comecei a afirmar para receber flores. Bem, o dia chegou e passou — sem flores! Alguns dias depois, quando cheguei em casa depois de uma conferência, havia uma mensagem na minha secretária eletrônica: "Não importa o horário que você chegar, entre no escritório e pegue as lindas flores que chegaram para você!". O escritório não ficava longe da minha casa, então entrei no carro e fui até lá. O buquê era de uma dúzia de lindas rosas amarelas enviadas por um de meus clientes que estava muito grato por uma grande descoberta que havia feito em uma sessão naquela semana. Mais uma vez, o Universo me trouxera meu pedido de uma fonte muito inesperada.

Mapas do Tesouro são uma maneira divertida e visual de fazer seus pedidos em todas as áreas para a Cozinha Cósmica. Para começar, reúna os seguintes materiais: uma grande folha de cartolina; algumas revistas com temas de saúde, sucesso, viagem e crescimento espiritual; uma tesoura; lápis de cera ou lápis de cor; e um bastão de cola. Reserve de duas a três horas. Convide amigos com mentalidade semelhante para criar seus próprios Mapas do Tesouro. Em seguida, passe pelas revistas e recorte imagens e frases que representam o que você está pedindo para a sua vida. Inclua TODAS as áreas da sua vida. Então, mesmo que você esteja saudável, inclua algumas imagens e frases para uma saúde ótima.

Encontre imagens e palavras ou frases que representem os relacionamentos maravilhosos que você deseja, a saúde vibrante, os destinos de viagem, a conexão espiritual, a carreira perfeita e a prosperidade financeira que você está pedindo. Quando tiver todas as imagens e palavras desejadas, cole tudo no cartaz e crie uma montagem. Acrescente palavras ou afirmações adicionais com os lápis de cor. Divirta-se e seja extravagante! Imagine a vida mais fabulosa e coloque no Mapa do Tesouro. Se estiver fazendo isso com amigos, dê a todos tempo para mostrar seu Mapa do Tesouro e falar sobre o que estão criando. Uma regra: todos no grupo devem oferecer apoio total para tudo no Mapa do Tesouro de cada pessoa. Sem julgamentos se algo é possível ou não. Em seguida, pendure seu Mapa do Tesouro em algum lugar onde você possa vê-lo todos os dias, mas não na sala de estar, onde todos que visitam sua casa o veriam. Pessoas que não acreditam nas possibilidades da vida podem tentar "jogar um balde de água fria". Compartilhe seu Mapa do Tesouro apenas com aqueles que você sabe que dão apoio. E depois aproveite os milagres que acontecem!

À medida que os pedidos do Mapa do Tesouro são atendidos, é bom colocar novos. Então, eu os adiciono ao meu Mapa do Tesouro existente por um tempo, e depois, mais ou menos todo ano, eu crio um completamente novo. Meus Mapas do Tesouro sempre incluem uma imagem do mundo e uma lista de lugares para onde quero viajar.

Meu lugar favorito de férias no mundo é o Havaí. Quando eu era casada, fizemos várias viagens ao Havaí, visitando as ilhas de Oahu, Kauai e Maui. Certa noite em 1992, participei de um seminário na minha igreja com Terry Cole-Whittaker, uma palestrante espiritual e metafísica famosa. Durante sua palestra sobre abundância, Terry disse: "Todo mundo está sempre fazendo afirmações relativas a dinheiro. Por que você não afirma diretamente o que deseja?". Essa ideia fez muito sentido para mim, então depois do seminário comecei a pensar: "O que quero afirmar?". A resposta não tardou: "Uma viagem gratuita para o Havaí". Nos meses seguintes, de vez em quando eu pensava na minha afirmação: "É tão empolgante ter uma semana gratuita no Havaí". Sentia uma grande gratidão ao Universo por organizar essas férias.

Um dia, eu estava conversando com uma conhecida, e ela mencionou que tinha acabado de ir ao Havaí para uma conferência sobre imaginação guiada. Casualmente, perguntei onde gostava de ficar quando ia lá, e ela respondeu: “Ah, meu marido e eu somos coproprietários de um apartamento em Kauai. Adoraria que você fosse lá por uma semana como minha convidada. Sou grata pela ajuda que você me deu no passado”. Uau, é sempre surpreendente como o Universo organiza as coisas. Mas a história não termina aí. Levou alguns meses antes de essa semana ser agendada de fato. Nesse ínterim, perguntei ao homem com quem estava namorando na época se ele gostaria de ir ao Havaí comigo. Depois que ele disse sim, comecei a fazer afirmações referentes a passagens aéreas gratuitas. Mas, por alguma razão, apesar de todas as afirmações que eu tinha visto funcionar, dúvidas começaram a surgir na minha mente, e acabamos pagando por nossas passagens.

Chegou o dia de voar para o Havaí. Estávamos animados e felizes ao entrar no avião. Lá pela metade do voo, meu namorado disse: “Sabe, eu acabei de pensar que provavelmente tenho milhas aéreas suficientes para termos conseguido passagens gratuitas”. Olhei para ele, incrédula. Não sabia quem jogar do avião: ele ou eu mesma! Ficou tão claro que eu havia aceitado minha bênção em um ponto e depois a negado em outro. Essa experiência me ensinou a permanecer firme em meus pedidos cósmicos e deixar a Cozinha descobrir como cumpri-los. Como você verá na próxima história, LoAnne fez isso de um jeito lindo.

LoAnne é uma alma linda, por dentro e por fora. Ela tem uma energia suave e amorosa, e as pessoas se sentem bem só de estarem perto dela. Por muitos anos, ela ministrou aulas em sua casa para ensinar às pessoas muitas das ideias deste livro. Ao contemplar seu sexagésimo aniversário, surgiu a ideia de celebrá-lo em Paris. Ela começou a afirmar “Eu celebro meu aniversário em Paris a um preço que posso pagar facilmente”. Isso se tornou seu mantra enquanto caminhava. Visualizava-se em um restaurante na Torre Eiffel, celebrando o aniversário e aproveitando cada momento. Pediu aos outros para visualizá-la lá.

Equilibrando ações e afirmações, ela escreveu para sua *alma mater* para ver se algum graduado morava em Paris. Soube que sim, então ela escreveu para eles. Uma pessoa respondeu à sua carta e ofereceu a ela um lugar gratuito para ficar em Paris a partir de 1º de agosto. No entanto, seu aniversário era em 28 de julho, então LoAnne decidiu reservar um hotel para os primeiros dias. Um vizinho agente de viagens simplesmente passou "por acaso" na casa dela e lhe deu uma recomendação para um hotel pequeno e com preço razoável, além do nome de uma empresa de turismo.

Em seguida, vieram as reservas de passagens aéreas. Ela continuou afirmando: "Eu celebro meu aniversário em Paris a um preço que posso pagar facilmente". Seguindo as sugestões de amigos, LoAnne verificou os pontos em seu cartão de crédito e descobriu que tinha o suficiente para as passagens dela e do marido, até mesmo para fazer um upgrade para primeira classe. Antes de chegarem ao aeroporto, eles só conseguiram entrar na lista de espera para o upgrade. Visualizaram estarem juntos na primeira classe, e assim aconteceu.

Depois de se instalarem no adorável hotel, a empresa de turismo organizou um jantar na Torre Eiffel e um passeio de barco no Sena para o aniversário de LoAnne, uma ocasião verdadeiramente feliz. Em 1º de agosto, mudaram-se para o apartamento de dois quartos pelo restante da estadia, sentindo-se abençoados por viverem "como parisienses". O resultado real de sua afirmação de celebrar o aniversário em Paris a um preço que podia pagar facilmente superou muito suas expectativas.

Quais pedidos de diversão e de viagem você gostaria de enviar à Cozinha Cósmica? Use a próxima página para criar suas afirmações.

MEUS PEDIDOS DE VIAGEM...

MEUS PEDIDOS DE DIVERSÃO...

Estou encantada por viver em meu lar perfeito. É um espaço maravilhoso e acolhedor com todas as comodidades que são importantes para mim. Está repleto de alegria, beleza e amor.

Capítulo 10

Pedidos de moradia

O que você gosta no lugar onde mora hoje? Há algo que gostaria de mudar nele? A menos que viaje muito, você passa a maior parte do tempo em sua casa, e merece ter um lugar que lhe seja agradável, tanto no âmbito físico quanto no emocional e espiritual. Faça uma lista de tudo o que você deseja em uma casa. Solte a imaginação.

Quando meu ex-marido e eu compramos nossa primeira casa, eu já meditava havia alguns anos, mas ainda não tinha consciência do uso de afirmações. Tínhamos alguns requisitos em mente, como três quartos e um preço que pudéssemos pagar, mas nada mais. Nossa ideia de um preço que poderíamos pagar com facilidade era cerca de 34 mil dólares. (Você consegue imaginar preços tão baixos? Isso foi lá pelo meio dos anos 1970.) Dissemos à corretora de imóveis nossa faixa de preço, e ela começou a nos mostrar casas que custavam mais de 40 mil dólares Elas eram adoráveis, mas bem fora do nosso alcance. Então, perguntamos se havia alguma casa para reformar que pudéssemos ver. A corretora parecia cética, provavelmente porque meu marido era uma pessoa com deficiência desde os dois anos de idade devido à poliomielite, e não parecia capaz de fazer muitas obras domésticas, mas persistimos com a ideia. Ela não tinha noção do quanto meu marido era engenhoso. Ela nos levou a uma casa para reformar, e ficamos encantados, apesar da necessidade óbvia de muito trabalho na propriedade. Ela tinha dois quartos e um escritório, uma sala de estar de bom tamanho com uma pequena área para uma mesa de jantar, uma sala de TV e ATÉ uma piscina com uma casa de hóspedes, tudo por 35 mil dólares! Isso, *sim*, era uma pechincha. Com muito trabalho árduo nos quatro anos seguintes, a casa foi transformada. No ano seguinte, decidimos vendê-la e nos mudar de volta para perto da praia. Nossa primeira casa ficava em uma área muito quente e poluída da Califórnia, e eu prometi não passar outro ano num lugar onde a poluição era tão ruim que durante o verão você nem conseguia ver as montanhas que estavam a apenas alguns quilômetros de distância.

Dessa vez, nós SABÍAMOS sobre afirmações e listamos tudo o que queríamos, incluindo o fato de que a casa seria linda e pronta para morar. Reformar tinha sido bom para a primeira casa, mas estávamos prontos para ter menos trabalho e aproveitar mais. No primeiro dia de procura, encontramos a casa perfeita, em um bairro tranquilo e encantador. Estava recém-pintada, com um lindo carpete, muito espaço aberto, e um preço que podíamos pagar facilmente.

Até mesmo crianças podem fazer seus pedidos à Cozinha Cósmica. Lilly tinha dez anos quando disse aos pais, Elizabeth e John-Paul: "Eu quero um quarto como o da Mitras". Os pais disseram a Lilly que, além do fato de nem estarem pensando em se mudar, o bairro sobre o qual Lilly estava falando parecia um pouco fora de seu alcance financeiro. Eles esqueceram o pedido de Lilly.

Alguns anos depois, Elizabeth e John-Paul estavam voltando da igreja e viram uma placa de "Casa Aberta para Visitação". Elizabeth estava caminhando de manhã naquele bairro e pensou como seria bom morar lá. Eles ficaram duas horas na casa, que estava vazia havia sete meses. Eles queriam uma casa que os atraísse, sem uma longa busca, e essa parecia estar fazendo isso. Na semana seguinte, eles levaram Lilly para ver a casa. Assim que entrou, Lilly exclamou: "Mamãe, esta é a casa da Mitras!".

"Você não quer dizer que esta é como a casa da Mitras?", perguntou Elizabeth.

"Não, esta era a casa da Mitras, e agora vou ter o quarto dela!", disse Lilly. Sua família agora mora nessa casa, feliz da vida, há mais de três anos.

Ao fazer suas afirmações, lembre-se de incluir "isso ou algo melhor", porque o Universo pode ter um plano maior do que o seu. Margaret e seu marido, Mike, deixaram o apartamento que possuíam em St. Albans, Inglaterra, e mudaram-se para outra cidade quando Mike arrumou um novo emprego. Margaret vinha afirmando que o apartamento seria alugado com rapidez e facilidade, mas nada estava acontecendo. Eles até inventaram o Sr. e a Sra. Confiáveis como os inquilinos ideais. Então, um dia, ela escreveu: "Nosso apartamento será alugado ou algo melhor acontecerá. Tudo está bem no meu mundo". Em duas semanas, receberam uma oferta para comprar o apartamento; com certeza isso era a ideia deles de algo melhor.

Atualmente, estou morando em uma casa linda localizada em um terreno de 28 mil metros quadrados (12 mil deles cheios de abacateiros) no norte do condado de San Diego. Mesmo com todo o trabalho de afirmação e visualização que fiz, nunca imaginei um lugar assim. Rick e eu nos mudamos para cá em 1998, vindos de um apartamento de 130 metros quadrados. Isso, SIM, é uma mudança. Nem tínhamos um ancinho.

Quando Rick e eu nos conhecemos, meu lar era um adorável apartamento comprado após o meu divórcio. A sala de estar dava para um laguinho artificial com uma cachoeira, e havia tetos altos com um pequeno mezanino no andar de cima, perfeito para meditação. Ao me mudar, eu a arrumei EXATAMENTE como queria, para alterar de um modo consciente a antiga crença de infância de que eu tinha que me contentar com menos porque o melhor era muito caro.

Embora o apartamento fosse perfeito para mim como uma mulher solteira, Rick e eu juntos queríamos algo diferente. Desejávamos um pouco de terreno para plantar flores, um quarto extra para visitas e cômodos separados para escritórios individuais (Rick gosta de cantar e falar enquanto trabalha, e eu gosto de silêncio). A necessidade de nos mudarmos não era urgente, então, nos fins de semana, começamos a prestar atenção nas casas de que gostávamos. Começamos a colecionar panfletos de casas e colocá-los em nosso mural dos sonhos. Realmente deixamos nossa imaginação voar, porque todas as casas de que gostávamos eram grandes e caras, com preços entre 750 mil e 1 milhão de dólares. Nossa renda não estava nem perto de suficiente para comprar uma dessas casas, a menos que ganhássemos na loteria, mas continuamos acreditando que o Universo nos levaria à casa perfeita.

Em um fim de semana, estávamos em San Diego e tomamos uma decisão espontânea de visitar algumas das casas em exposição listadas no jornal de domingo. Naquele primeiro dia, encontramos uma corretora de imóveis fabulosa. Ela era sócia de uma excelente agente de empréstimos. Usando as habilidades de contador herdadas de meus pais, fiz um cálculo rápido e concluí que poderíamos comprar uma casa em uma faixa de preço específica, e não estava nem perto das casas que tínhamos no nosso mural dos sonhos. Mas ficamos animados com a busca, e nossa corretora começou a nos mostrar diferentes propriedades. Ela ouviu com atenção o que cada um de nós queria e fez o possível para encontrar lugares que incluíssem nossas prioridades.

Vimos algumas propriedades espetaculares com salas enormes e banheiros deslumbrantes, mas o lugar perfeito ainda não havia aparecido. À medida que nossa busca por casas continuava, íamos cada vez mais para o interior do condado de San Diego.

Estas são as afirmações que estávamos usando:

> Temos a nossa casa perfeita em uma localização maravilhosa por um preço que podemos facilmente pagar. Temos a melhor combinação de uma vista fabulosa e uma casa fantástica a um preço excelente. O Espírito nos guia para o lugar perfeito. A casa tem uma energia adorável. Ela tem tudo o que queremos, incluindo pelo menos quatro quartos e espaço para workshops. Temos dinheiro mais do que suficiente para a entrada, a escritura e quaisquer outras necessidades da nova casa. O apartamento é vendido a um preço excelente, e ambos os processos de entrada e escritura são concluídos no momento certo.

Havia uma propriedade que visitamos várias vezes. Ela tinha a maioria dos aspectos que queríamos, e decidimos assinar os papéis para fazer uma oferta. Mas naquela noite, quando chegamos em casa, Rick me disse: "Temos que procurar mais um dia". O quê? Eu NÃO fiquei feliz com isso. Disse a ele para ligar para a nossa corretora, pois eu não iria dizer a ela para procurar mais lugares.

No próximo fim de semana, procuramos outra vez, acompanhados pela nossa amiga Verity, que estava visitando de Barbados. Nada do que vimos a manhã toda mudou minha opinião sobre a propriedade que já estávamos considerando, e eu estava ficando cansada e irritada. Paramos em uma lanchonete para almoçar. O lugar se chamava Nessy Burgers, em homenagem ao monstro do lago Ness. Localizada em uma estrada de duas vias em uma pequena cidade chamada Bonsall, com certeza era um lugar estranho para ter o nome em homenagem a um monstro supostamente avistado na Escócia. Naquele momento, eu não tinha ideia de que estaríamos morando a apenas alguns quilômetros do Nessy Burgers dali a três meses.

Depois do almoço, continuamos nossa busca. Enfim, estávamos nos aproximando da última casa da lista, dirigindo ao longo de uma estrada sinuosa de duas mãos, com vistas para a montanha, pomares de abacate e fazendas de flores. A paisagem era linda, e Rick comentou: "Eu poderia morar aqui". Espontaneamente, eu respondi: "Talvez você more mesmo".

A rua particular até a casa era íngreme, mal era larga o suficiente para dois carros, e cercada por abacateiros. Ao descer a entrada para a casa, tivemos uma vista incrível sobre um pequeno vale, com o monte Palomar ao longe. Só de olhar para aquilo já dava uma sensação de paz. Havia alguns pés de laranja, de limão tradicional e siciliano perto da entrada, e doze mil metros quadrados de abacateiros. Uau, guacamole sempre que quiséssemos. (O que eu não sabia na época era que Rick sempre quis um pomar de abacates e quase comprou um anos antes de nos conhecermos. O Chef Cósmico nunca se esquece de pedidos consistentes!)

Mas quando entrei na casa, o encanto acabou. Dentro, encontramos não quatro, mas cinco quartos, um mezanino enorme onde caberiam pelo menos vinte pessoas para workshops, uma sala de estar/jantar de cinquenta metros quadrados, e quatro banheiros. Além de uma garagem com espaço para Rick liderar seus workshops de fabricação de fontes. Parece ótimo, não é? Só que eu não gostei do interior. Apesar de todo o espaço, estava lotado de móveis descombinados, muitas das paredes eram revestidas com madeira áspera e não acabada, a cozinha era daquela cor laranja que remete aos anos 1970, o banheiro do quarto principal precisava de muitos reparos, o carpete precisava ser substituído (e era uma casa GRANDE) e havia papéis e caixas empilhados por toda parte. Como sou muito cinestésica, a "sensação" para mim não era boa. Parecia-me claustrofóbico. Parecia um projeto de reforma, e eu tinha jurado nunca mais comprar um imóvel para reformar. Além disso, eu me perguntava se os proprietários conseguiriam mesmo limpar tudo e se mudar.

Para Rick, era o lugar perfeito. Subimos rapidamente as escadas, e do lado de fora havia um deque pequeno com um balanço. Sentamo-nos no balanço olhando para a vista, e decerto era gostoso e bem pacífico ali. Lá embaixo, Verity já estava decidindo em que quarto ficaria o meu escritório.

Saímos com Rick convencido de que aquela era, de fato, A CASA. Ele estava vendo a casa como poderia ser, não como era. E a paisagem não precisava de mudança nenhuma. Era, e ainda é, espetacular. Rick é muito persuasivo, e logo percebi que, com uma demão de tinta, um carpete novo no térreo, e derrubando uma parede para ampliar o quarto principal, a casa seria maravilhosa. As outras reformas poderiam ser feitas mais tarde. Então, ligamos para a nossa corretora para fazer a oferta. Para nossa surpresa, o preço da casa e dos 28 mil metros quadrados era mais ou menos o mesmo que o de uma modesta casa de três quartos na área de onde estávamos nos mudando. Para nós, tornou-se nossa casa de US$ 1 milhão a um preço que poderíamos facilmente pagar. Esse foi um exemplo poderoso de sonhar grande e deixar a Cozinha Cósmica encontrar a forma perfeita de entregar nosso pedido no momento certo. Sabemos que o Espírito nos guiou até essa propriedade. Na verdade, ela estava no mercado havia dez meses sem ofertas, apenas esperando por nós.

Na próxima página, escreva afirmações para a sua casa ideal. Lembre-se, você merece viver em um lugar maravilhoso e acolhedor.

MEUS PEDIDOS DE MORADIA...

Capítulo 11

Quando a Cozinha lhe dá limões

Independentemente de quantas afirmações e visualizações você faça, haverá alguns desafios em sua vida. Por quê? Porque o caminho do desenvolvimento da alma precisa de desafios para crescer. Cultivar flores bonitas requer sol, água — e adubo. Cultivar almas bonitas requer cuidado mental, emocional, espiritual — e desafios. Se não houvesse desafios, como você seria motivado a crescer e mudar? Uma crise na carreira, na saúde, nas finanças ou em um relacionamento oferece um chamado para parar e examinar sua vida.

Já passei por um divórcio, uma doença crônica, reprovação em exames para o meu trabalho profissional e um processo judicial (além de todas as pequenas coisas usuais). Alguns dos meus desafios pareciam limões enviados pela Cozinha, enquanto outros pareciam que uma carga inteira de adubo tinha sido despejada na minha porta. Ao passar por essas experiências difíceis, fui amparada pela minha conexão com o Espírito. Cada desafio me ensinou algo importante sobre mim mesma, sobre a vida e sobre confiar no processo de mudança. Estudar o livro *Um curso em milagres* trouxe uma incrível sensação de paz com todas as mudanças que ocorrem na vida, pois é um lembrete de que eu sou Espírito, e essa é a única realidade que perdura.

Quando estava em meu consultório particular, frequentemente dizia aos meus clientes: "Siga o seu coração ou o Universo vai te dar um chutão e te obrigar a se mover". (É claro, eu dizia a mesma coisa para mim mesma.) Então, quando um dos meus clientes, que vinha reclamando por meses sobre o trabalho, mas continuava resistindo a procurar outro, chegou e disse que tinha sido demitido, eu disse: "Aleluia! O Universo acabou de te dar um chute. Você pode parar de reclamar sobre esse trabalho e eu posso parar de ouvir as suas reclamações". Ele decidiu seguir seu sonho de se mudar para São Francisco, e em três semanas encontrou um emprego e um lugar acessível para morar lá, algo que anteriormente ele dizia ser impossível.

Pelos últimos dez anos, uma mulher notável chamada Odile tem sido a diretora de programas no Inside Edge, o grupo matinal sobre o qual escrevi no capítulo com foco em carreira. Originária da África do Sul, ela tem uma presença elegante e um sotaque charmoso. Como diretora de programas, Odile trouxe palestrantes semanais para o Inside Edge, muitos deles autores famosos. Ela tem o dom de contratar palestrantes que provocam reflexões e inspiram, estando na vanguarda do crescimento pessoal e planetário. Seu caminho para esse cargo começou com ela sendo demitida.

Depois de seis meses trabalhando em uma glamorosa empresa de publicidade e relações públicas, Odile percebeu que não estava alinhada com seus valores, e suas responsabilidades não eram o que ela esperava. No entanto, havia um conflito interno, porque o dinheiro era bom e ela não queria abrir mão disso. Todas as noites, ela começou a orar com uma afirmação aberta para orientação divina e seu bem mais elevado, em especial na área profissional.

Poucos dias após retornar de uma semana de férias, a mulher que gerenciava Odile a chamou em seu escritório e disse de repente: "Este é o seu último dia". Em choque, Odile saiu pensando: "Ai, meu Deus, eu não sou boa o suficiente". Mas outra parte dela estava radiante, sabendo que essa era a resposta à sua afirmação. Ela vinha pensando em começar sua própria empresa de relações públicas, e eis ali a oportunidade. Rapidamente, fez cartões de visita e papel timbrado e logo conquistou vários clientes.

Dentro de um ano, ela recebeu duas ofertas de emprego alinhadas com seus valores espirituais. A primeira foi a posição de editora do jornal de dezesseis páginas de uma grande igreja, e a segunda, apenas seis meses depois, foi o cargo de diretora de programas no Inside Edge. Ela atuou como consultora em ambos os trabalhos e mais tarde abriu mão da posição de editora para se concentrar em seu amor pela arte e continuar como diretora de programas.

Pense no seguinte: quando foi que o Universo o forçou a se mover quando você não queria? Qual foi o resultado? Se você parou de resistir, é provável que o resultado tenha sido bom. Se tentou se agarrar à situação, é provável que ela tenha se tornado mais difícil. Um livro maravilhoso sobre o processo de mudança é *Quem mexeu no meu queijo?*, de Spencer Johnson.

Durante os períodos de mudança, também é útil buscar apoio dos outros. Em meus workshops, muitas vezes pergunto: "Quantos de vocês têm dificuldade em pedir ajuda?". Quase todas as mãos se levantam. Então eu pergunto: "Quantos de vocês ficariam felizes em apoiar um amigo que precisasse de ajuda?". Em geral, todas as mãos se levantam. Embora dispostas a dar, muitas pessoas hesitam em pedir aquilo de que precisam. Em seguida, discutimos como pedir aquilo de que você precisa é uma parte importante de se amar.

Houve momentos na minha vida em que segui meu coração e minha intuição antes que o Universo tivesse que me dar um empurrão, e outros momentos em que não o fiz (e desejei ter feito). Uma vez em que não segui foi durante meu trabalho como estagiária de Psicologia.

Parecia "lógico" que eu buscasse a licença de psicóloga, o que envolve exames escritos e orais. Embora eu não estivesse apaixonada de fato pela ideia, comecei a estudar e me registrei para o exame escrito nacional. Para mim, exames de múltipla escolha sempre foram fáceis, então passei com uma porcentagem muito alta na primeira tentativa. O passo seguinte foi fazer o exame oral estadual. Não parece tão difícil: vinte minutos com uma banca de duas pessoas fazendo perguntas sobre um histórico de caso que você teve alguns minutos para ler. Bem, foi extenuante. Sentindo-me humilhada e deprimida, saí do primeiro exame oral sabendo que tinha falhado. Como meu doutorado era em Psicologia Social, não em Psicologia Clínica, nem mesmo minha experiência como estagiária foi suficiente para compensar os cursos clínicos perdidos. Sim, eu estava fazendo afirmações, mas a energia por trás delas nunca foi de 100%.

Eu ouvi meu coração? Não, depois de fazer alguns cursos especiais de "atualização", continuei tentando passar no exame, não uma, mas mais três vezes. Indo para casa após a quarta tentativa, sabendo novamente do fracasso, ficou claro que era hora de parar de me forçar a passar no exame. Que alívio! Mas e agora? Eu poderia permanecer como estagiária para sempre (ah, que pensamento terrível) ou seguir um caminho diferente. Minha decisão naquele dia me levou ao trabalho mais gratificante que já fiz: conduzir workshops de treinamento internacional que preparam as pessoas para liderar outros workshops com base em princípios espirituais contidos neste livro.

No entanto, durante a transição de estagiária para líder de workshops, minha renda diminuiu consideravelmente. Embora eu fizesse afirmações sobre certa renda por mês, não estava acontecendo. Meu nível de medo começou a aumentar, juntamente com a dívida do cartão de crédito. Por que minhas afirmações não estavam funcionando dessa vez? Meditando numa manhã de dezembro, afirmei para entender o que estava acontecendo. A mensagem clara foi esta: "Confie. Seja paciente. Tudo vai se reverter em julho". Julho parecia muito distante naquele momento, mas, considerando muitas experiências anteriores na minha vida, eu sabia que o Espírito estava me guiando e que tudo se reverteria. E em julho, isso aconteceu.

Lembra-se do iceberg? Uma parte natural da vida é o contínuo processo de tomar consciência de crenças inconscientes, porque elas criarão coisas que você pode não querer até que tome consciência delas. Por exemplo, minha mãe passou por um divórcio após 31 anos de casamento. Esse foi o período mais doloroso de sua vida. Quando eu tinha a mesma idade que ela tinha na época do divórcio, ocorreu na minha vida uma experiência muito difícil relacionada à minha carreira. Levou meses para eu perceber que, depois de observar o processo da minha mãe, eu tinha desenvolvido a crença de "Você pode ter uma vida maravilhosa por muitos anos e depois desafios inesperados acontecem". Apesar do desconforto da experiência, ela também me estimulou a expandir minha carreira de novas maneiras, sendo este livro uma delas. O desafio sempre contém o potencial para avanços no coração e na mente.

A mudança é parte da vida. Quanto mais depressa você se adapta, mais depressa encontra a felicidade. Desapegar e se render ao que está acontecendo, em vez de resistir, permite que você entre no seu próximo nível. Isso não significa que você não sentirá tristeza, raiva ou traição. Quando você tem esses sentimentos, é importante senti-los e processá-los, mas não se apegar a eles. Se você se apegar, ficará preso. Uma cachorrinha chamada Jasmine me ensinou uma lição valiosa sobre deixar ir.

Jasmine, uma labradora amarela de onze anos, pertencia à minha assistente pessoal, Stef. Enquanto Stef respondia às ligações e aos e-mails para mim, Jasmine se esparramava feliz em uma enorme almofada no escritório. Parte do pacote de benefícios dos funcionários era que Jasmine recebia um grande osso de couro cru novo todas as semanas. Muitas vezes, no final da semana, restava apenas um pedacinho dele. Na semana seguinte, Jasmine retomava a mastigação do pequeno pedaço quando Stef trazia um novo osso. Jasmine soltava ansiosamente o antigo para receber o novo? Não! Stef precisava insistir muito para conseguir fazê-la soltar o pedaço antigo. Talvez você já tenha tido uma experiência assim, na qual se segurou a algo antigo porque não podia confiar que o novo seria ainda melhor.

Uma das minhas metáforas favoritas para dar um salto de fé vem de uma cena maravilhosa no filme *Indiana Jones e a última cruzada*. Indiana está em busca do Santo Graal (o cálice que Jesus usou na Última Ceia). A busca se torna urgente quando o pai de Indiana é baleado, e apenas a água do Graal pode salvá-lo. Usando um livrinho com pistas ambíguas, Indiana passa por dois obstáculos e chega ao terceiro, uma fenda enorme parecida com o Grand Canyon. Sua única pista é "saltar da cabeça do leão". Fazer isso parece ser uma queda para a morte no abismo. Sua luta interior é aparente enquanto a câmera mostra um close de seu rosto. Ele deve confiar na pista e saltar ou dar meia-volta? De repente, ele salta! Para nossa surpresa, ele aterrissa em uma ponte que estava invisível antes.

A vida é assim. O Espírito sempre tem uma rede de segurança esperando por nós. No meio de um desafio, pode ser difícil sentir de verdade que já existe uma solução na Mente Divina. Ainda assim, a chave é focar o que você deseja, não o que está vivenciando. Uma vez ouvi a filósofa e futurista Jean Houston dizer: "A depressão não é o caminho para os milagres". Como isso é verdade. O caminho para os milagres é confiar que existe alguma solução para o desafio que você está enfrentando, mesmo quando não tem ideia de como isso acontecerá. Concentre-se no resultado desejado, não no desafio.

Lembre-se de que aquilo a que você resiste, persiste. A maioria das pessoas tem um padrão antigo de se fixar no problema em vez de pedir a solução à Cozinha Cósmica. Quanto mais você se fixa no problema, com mais força a Lei da Atração o mantém em sua vida. Quando você se concentra em confiar que o Espírito tem uma solução, a Lei da Atração pode trazê-la.

O que ajuda *você* a mudar do medo e da ansiedade para a confiança? Talvez seja ler um texto espiritual ou ouvir um áudio inspirador, ou dançar ao som de sua música favorita. Talvez seja observar crianças no parque ou dar um passeio na natureza. Seja o que for, faça. E faça todos os dias, não apenas quando estiver em crise. Todos nós temos a tendência de esperar até que a crise nos atinja para recorrer à nossa fonte espiritual. (Como dizem, não há ateus nas trincheiras.) Por que esperar? Fique íntimo do Espírito: sinta o Poder e a Presença dos quais você faz parte *agora*.

Na próxima página, há algumas afirmações para ajudá-lo a lidar com qualquer desafio que esteja enfrentando atualmente em sua vida. Na página seguinte, escreva suas próprias afirmações. Quais palavras ajudarão você a se sentir mais tranquilo e confiante?

AFIRMAÇÕES PARA MOMENTOS DESAFIADORES

Neste momento, eu sei que o Espírito tem a solução para qualquer preocupação na minha vida.

Eu sei que o Chef Cósmico está preparando o prato perfeito para lidar com essa situação.

Eu durmo em paz e acordo com alegria.

Eu inspiro e encho meu corpo de confiança. Eu expiro e libero minhas preocupações.

Eu me concentro neste momento e permaneço totalmente presente no AGORA.

Sou perfeitamente orientado em qualquer ação que precise executar agora.

Peço com facilidade apoio aos amigos.

Solicito a ajuda de que preciso e sei que mereço ajuda.

Confio alegremente no Universo para criar o resultado perfeito.

Escuto com facilidade e confio na minha intuição.

Recebo alegre e com gratidão milagres em minha vida agora mesmo!

MEUS PEDIDOS PARA FAZER TORTA DE LIMÃO...

Com grande alegria,
dou as boas-vindas à oportunidade
de fazer mudanças maravilhosas em
minha vida, as quais terão efeitos
positivos para o planeta inteiro.
Sou um pioneiro na revolução para
mudar os aspectos externos da
vida, começando por mim mesmo.

Capítulo 12

Imagine as possibilidades

A o longo de nossa história, existiram vozes que acreditaram que nossos pensamentos criavam nossas experiências.

"Nossa vida é o que nossos pensamentos fazem dela."

– Marco Aurélio, séc. I

"Você é assim como seus pensamentos."

– Provérbios

"Um homem é tão feliz quanto decide ser."

– Abraham Lincoln

Ainda assim, a maioria das pessoas age e fala como se a vida fosse aleatória e elas fossem simples peões em um imenso jogo de xadrez com jogadores desconhecidos. De alguma forma, é mais fácil acreditar que forças "lá fora" são responsáveis por sua vida, em vez de seus próprios pensamentos e sentimentos internos. No entanto, as histórias e os princípios deste livro demonstraram que você *tem* uma escolha: usar seus pensamentos e sentimentos para ajudá-lo ou permitir que eles o mantenham preso. Existe uma Cozinha Cósmica pronta e disposta a atender aos seus pedidos para experimentar uma vida melhor do que você jamais imaginou.

Nosso mundo passou por muitas mudanças enormes de crenças ao longo dos séculos. Galileu descobriu que a Terra girava em torno do Sol em vez do contrário, mas foi forçado a se retratar ou enfrentar a morte. Há pouco mais de quinhentos anos, as pessoas realmente acreditavam que cairiam da borda da Terra se navegassem muito longe. Antes de 1916, as pessoas acreditavam que não podíamos voar, muito menos ir à Lua e além. Em 1920, alguém queria fechar o escritório de patentes porque acreditava que tudo o que poderia ser inventado já existia. Talvez estejamos à beira de outra verdadeira mudança, uma que reconheça o poder de nossas próprias crenças internas para modificar nossa realidade externa. No início do século 20, o famoso psicólogo americano William James disse: "A maior revolução de nossa geração é a descoberta de que os seres humanos, ao mudarem as atitudes internas de suas mentes, podem mudar os aspectos externos de suas vidas". Como é maravilhoso que os seres humanos tenham uma mente criativa única, uma mente que está ligada à Inteligência Infinita e à Criatividade!

É necessário um comprometimento consciente para permanecer ciente de seus pensamentos e suas palavras quando você começa a praticar as ideias deste livro. Reserve um tempo todos os dias, mesmo que sejam apenas alguns minutos, para ler as afirmações de exemplo em diferentes capítulos e escrever as suas próprias. Escreva-as em cartões e coloque-os em sua casa e no trabalho como um lembrete de sua nova maneira de pensar. Grave suas afirmações em áudio e ouça-as. Cante-as no carro a caminho do trabalho e dance com elas em sua sala de estar. Ao praticar, você está literalmente criando novos sulcos em seu cérebro. Talvez sua primeira afirmação possa ser:

"Eu consigo, com facilidade, encontrar tempo para criar e praticar minhas afirmações todos os dias".

Afirmações e visualizações são técnicas para criar mais do que você deseja em sua vida, tanto coisas materiais e carreiras quanto alegria, paz e amor, a verdadeira doçura da vida. Elas não devem ser usadas para controlar os outros. Na verdade, você não pode controlar os outros com suas afirmações. Mas à medida que continua suas afirmações e visualizações, as pessoas com quem você precisa se conectar são trazidas para a sua vida.

Ao redesenhar sua vida, é importante sentir alegria ao ver ou conhecer outras pessoas que têm o que você deseja. Se alguém tem um relacionamento maravilhoso, fique feliz por essa pessoa. Se alguém criou uma carreira maravilhosa ou conquistou uma excelente prosperidade, esteja disposto a aprender com essa pessoa sobre o processo. Lembre-se de que há o suficiente para todos. O fato de alguém ter a carreira ideal não impede você de criar a sua. Todos nós estamos destinados a ser realizados, não apenas alguns poucos. Quando você apoia os outros em seus sonhos e aplaude suas realizações, você está se apoiando.

Cada ação começa com um pensamento. Muitos deles não são realmente conscientes, como mover as pernas para andar ou as mãos para digitar. Cada pensamento é energia. A energia flui para onde a atenção vai. Quando você direciona sua atenção para condições negativas, a energia do negativo é aumentada. Quando o faz para o positivo, essa energia é aumentada. Isso é verdade em sua própria vida e também na vida coletiva do planeta.

Também podemos usar afirmações e visualizações para ajudar a resolver os desafios que nossa sociedade e nosso planeta enfrentam. Quando eu estava chegando à idade adulta nos anos 1960, as pessoas eram contra a guerra, o racismo e a desigualdade de gênero. Houve manifestações, confrontos e apontamentos de dedos para aqueles que pareciam estar perpetuando esses males. Mas o que aprendi por meio do estudo das afirmações é que ser contra algo na verdade o mobiliza com mais força. Devemos nos concentrar em ser a favor da paz em vez de ser contra a guerra, a favor de igualdade de oportunidades, a favor da proteção ambiental, a favor da igualdade entre homens e mulheres, e a favor de qualquer outra mudança que desejamos ver no mundo. Quando você transforma a "outra pessoa", ou o "outro país", ou o "outro grupo" no problema, na verdade você ajuda a polarizar mais as diferenças. Em vez de odiar aqueles que discordam de você, aprenda a aceitar que as pessoas têm pontos de vista diferentes. Afirme maneiras de viver em harmonia juntos. Os coiotes ensinaram a Rick e a mim uma valiosa lição sobre isso.

Como vivemos no campo, há todo tipo de criaturas, incluindo coelhos, toupeiras, esquilos e coiotes. Rick tinha colocado vários metros de tubulação para levar água até as flores ao redor do labirinto que construímos. À medida que o clima ficava mais quente, os coiotes procuravam água e começaram a roer a tubulação quase diariamente. Isso significava que Rick tinha que gastar tempo indo fazer reparos várias vezes. Um dia, eu afirmei que havia uma solução que beneficiaria a todos. Logo veio a ideia: colocar uma tigela de água para os coiotes para que eles não precisassem roer a borracha. Rick foi além e colocou tigelas em dois lugares onde poderiam ser "regadas" pela tubulação quando as flores recebiam sua bebida diária. Com essa solução, apenas um reparo foi necessário ao longo de vários meses. As soluções para os desafios do mundo podem ser mais complicadas do que isso, mas o princípio é o mesmo: concentrar-se em criar uma solução para o bem de todos.

Em 1986, John Randolph Price escreveu uma bela *Meditação mundial de cura*, com base na ideia de que nossa consciência coletiva faz diferença. Todo ano, no dia 31 de dezembro ao meio-dia, no fuso horário de Greenwich, dezenas de milhares de pessoas no mundo participam dessa meditação. Embora a visão na meditação ainda não tenha se concretizado, há pesquisas sociológicas sugerindo que maior paz e harmonia são criadas à medida que mais pessoas meditam. Em seu livro *Uma nova ciência da vida*, Rupert Sheldrake propõe a ideia de um campo morfogenético que contém a coleção de todos os pensamentos. Segundo ele, à medida que os pensamentos de paz nesse campo aumentam, a realidade da paz se seguirá. Talvez o campo morfogenético seja apenas outro nome para a Cozinha Cósmica.

A física quântica apoia a ideia de que cada mudança cria um efeito, como ondulações em um lago se espalhando para fora quando uma pedra é jogada. Um experimento fascinante de física foi relatado pela revista *Time*: dois elétrons negativos foram disparados de um acelerador e enviados em direções diferentes. Um deles foi então transformado em uma partícula positiva, e o outro mudou espontaneamente para positivo. Gosto de pensar que isso é uma metáfora para todos nós. Você é livre para mudar seus pensamentos a qualquer momento, e isso produz um novo efeito. A vida é um presente tão precioso! Dê a si mesmo o presente de escolher pensamentos inspiradores sobre si mesmo e sobre o planeta a qualquer momento.

Recentemente, Rick e eu nos sentamos maravilhados em nosso deque, observando centenas de estrelas cadentes à medida que a Terra passava pela cauda de um cometa. Nossas próprias vidas podem parecer pequenas quando comparadas à vastidão do Cosmos, mas elas são os únicos lugares que temos para começar a viver o tipo de vida que queremos. Embora haja muito mais a ser explorado em nosso mundo exterior, para mim, a exploração e a compreensão do mundo interior são a fronteira mais importante e trarão grande sabedoria para ser usada no mundo exterior.

Desejo a você muita alegria e diversão ao criar seus pedidos e recebê-los da Cozinha Cósmica!

Todos os recursos de que preciso para minha saúde mental, emocional e espiritual vêm até mim de maneira rápida e fácil. Sou abençoado com tudo de que preciso para o meu crescimento e a minha expansão.

Recursos recomendados

MINHA LISTA DE LIVROS MARAVILHOSOS

Crescimento espiritual e princípios básicos

A Course in Miracles

Gawain, Shakti, *Creative Visualization; Living in the Light*

Hay, Louise, *You Can Heal Your Life*; *The Power is Within You*

Holmes, Ernest, *Basic Ideas of Science of Mind*

Jampolsky, Gerald, *Love is Letting Go of Fear*

Shinn, Frances Scovill, *The Game of Life and How to Play It*

Williamson, Marianne, *A Return to Love*

Saúde

Benson, Herbert, M.D., *The Relaxation Response*; *Maximum Mind*

Borysenko, Joan, Ph.D., *Minding the Body, Mending the Mind*; *The Power of the Mind to Heal*

Chopra, Deepak, M.D., *Quantum Healing*; *Unconditional Life*; *Ageless Body, Timeless Mind*

Dossey, Larry, M.D., *Healing Words*; *Prayer is Good Medicine*

Hay, Louise, *Heal Your Body*

Murphy, Michael, *The Future of the Body*

Northrup, Christine, M.D., *Women's Bodies, Women's Health*

Orloff, Judith, M.D., *Second Sight*

Page, Linda, N.D., Ph.D. *Healthy Healing*

Rossman, Martin, M.D., *Healing Yourself*

Virtue, Doreen, *Losing Your Pounds of Pain*

Siegel, Bernie, M.D., *Love, Medicine, and Miracles*; *Peace, Love, and Healing*

Simonton, O. Carl, M.D., *Getting Well Again*; *The Healing Journey*

Weil, Andrew, M.D., *Spontaneous Healing*; *8 Weeks to Optimum Health*

Prosperidade, sucesso e carreira

Butterworth, Eric, *Spiritual Economics*

Chopra, Deepak, M.D., *Seven Spiritual Laws of Success*; *Creating Abundance*

Cota-Robles, Patricia, *Take Charge of Your Life*

Johnson, Spencer, M.D., *Who Moved My Cheese?*

Laut, Phil, *Money is My Friend*

Orman, Suze, *The Nine Steps to Financial Freedom*

Ponder, Catherine, *Opening Your Mind to Prosperity*

Price, John Randolph, *The Abundance Book*; *The Success Book*

Robinson, Jonathon, *Real Wealth*

Roman, Sanaya and Packer, Duane, *Creating Money*

Sinetar, Marsha, *Do What You Love, The Money Will Follow*

Relacionamentos

Chopra, Deepak, M.D., *The Path to Love*

Gawain, Shakti, *Return to the Garden*

Hendricks, Gay and Kathleen, *Conscious Loving*; *The Conscious Heart*

Hendrix, Hardville, *Getting the Love You Want*

Jeffers, Susan, Ph.D., *Opening Our Hearts to Men*

Keyes, Ken, *A Conscious Person's Guide to Relationships*

Stone, Hal, Ph.D., and Sidra, Ph.D., *Embracing Each Other*

Welwood, John, *Journey of the Heart*

ÁUDIOS PARA MEDITAÇÃO E IMAGENS GUIADAS

Crane, Patricia, Ph.D., *Inner Balance, Outer Harmony*; *Sunrise, Sunset*; *Peaceful Meditations*; *Meditation: The Basics*

Crane, Patricia, Ph.D. and Nichols, Rick, *Healthy, Wealthy, and Wise*; *Mind, Body, Miracles!*

Dyer, Wayne, *Meditations for Manifestation*

Gawain, Shakti, *Creative Visualization Meditations*

Nichols, Rick, *Colors of Spirit*

Sobre a autora

Há mais de vinte anos, Patricia projeta e lidera workshops com base nos princípios deste livro. Sua jornada pessoal para reduzir o estresse, aumentar o equilíbrio e descobrir o significado e o propósito da vida começou no início da década de 1970. Sua busca a levou às técnicas deste livro.

O doutorado de Patricia é em Psicologia Social, com um foco especial em programas de bem-estar no local de trabalho. Por vários anos, ela ministrou cursos de gerenciamento de estresse no nível universitário e realizou workshops corporativos. Seus estudos em corpo-mente-espírito incluem *Um curso em milagres* e a participação em muitas palestras, livros e workshops de Marianne Williamson, Louise Hay e Deepak Chopra, além de cura natural por Reiki, Respiração Transformacional, filosofia da Ciência da Mente, entre outros. Ela ministrou centenas de palestras e workshops sobre meditação, trabalho com a criança interior, conexão entre corpo e mente, cura natural Reiki e uso de afirmações e visualizações para criar o que se deseja na vida. Patricia também produziu e gravou várias fitas de meditação e relaxamento.

Sua intenção é continuar compartilhando uma mensagem de empoderamento pessoal em cocriação com o Espírito. Patricia está comprometida com a expansão do coração para a cura pessoal e planetária.